Crazy Word Searches for Everyone

MUSCIAL THEORY

```
Q  B  I  J  U  T  O  L  I  B  R  E  T  T  O
I  C  H  O  R  D  E  R  E  V  A  U  Q  B  E
C  L  I  O  N  A  T  H  G  O  G  H  M  I  O
E  C  L  O  D  I  L  H  C  E  T  S  U  N  U
R  S  B  G  A  N  A  L  J  T  L  V  F  B  Y
M  E  O  A  R  Z  E  N  E  D  O  L  R  S  Z
O  Z  L  Y  S  A  T  C  M  G  N  R  A  B  G
D  N  C  I  N  S  N  F  S  O  R  O  C  B  Q
U  T  D  M  B  O  B  D  O  E  D  E  N  E  W
L  P  L  J  A  A  M  E  I  R  R  E  T  A  B
A  M  P  R  K  J  T  R  P  O  Z  C  D  T  C
T  E  V  A  T  C  O  N  A  M  S  A  I  V  O
I  S  C  I  N  O  M  R  A  H  V  O  N  N  U
O  T  A  C  I  Z  Z  I  P  C  B  Z  D  D  M
N  W  H  M  U  F  O  R  T  I  S  S  I  M  O
```

ALLEGRETTO	CRESCENDO	IONIAN MODE
ALLEGRO	CROTCHET	LIBRETTO
BAR	DOLCE	MAJOR
BASS	FORTISSIMO	MODULATION
BEAT	FORZANDO	OCTAVE
CANON	GRANDIOSO	PIZZICATO
CANTABILE	HARMONICS	QUAVER
CHORD	HARMONY	

Puzzle #2

HAPPINESS

```
S  S  E  N  D  N  I  K  H  A  K  B  I  L  O
L  R  S  Y  T  L  A  Y  O  L  G  W  S  D  V
M  A  U  E  E  D  O  K  N  I  J  T  M  Q  E
T  S  U  K  I  M  O  C  O  O  E  G  Q  U  R
B  J  I  G  H  B  O  O  R  Q  M  A  J  Z  J
P  U  W  M  H  T  B  C  H  O  E  R  L  Q  O
O  B  P  E  I  I  L  O  R  R  M  C  A  L  Y
S  I  L  Y  Q  T  N  A  H  E  E  U  D  H  E
I  L  E  U  W  O  P  G  E  Z  V  H  H  F  D
T  A  A  P  F  E  V  O  L  H  O  O  T  L  H
I  T  S  Z  O  Y  D  K  P  L  A  Y  P  O  W
V  I  U  R  D  H  O  L  I  D  A  Y  S  B  M
E  O  R  U  Q  Y  U  J  N  U  Z  D  J  Z  U
S  N  E  F  B  O  V  X  G  H  J  K  Q  H  F
O  P  P  O  R  T  U  N  I  T  I  E  S  V  N
```

HARMONY	JOYFUL	MOTHERHOOD
HEALTH	JOYFUL	OPPORTUNITIES
HELPING	JUBILATION	OPTIMISM
HOBBIES	JUBILATION	OVERCOME
HOLIDAYS	KINDNESS	OVERJOYED
HONOR	LAUGHING	PLAY
HOPE	LOVE	PLEASURE
HUMOR	LOYALTY	POSITIVES

Puzzle #3

FINANCE

```
Z E C N A N I F H G I H H R H
F L O A T A T I O N O F N I O
C P G I S O Y I R T V I P N M
A B C N P A Y E D K A N Y V E
L U S G I C V U N E X A E E B
A S T U H D O I T O R N N S A
C I O Y V A N M N F M C T T N
O N C A G R C U M G Y I E I K
R E K O R B C C F E S N R N I
P S M A I I A U O G R G P G N
O S A K N T P N M U K C R O G
R E R G A R I X K A N C I H L
A O K I Y A T Q L I H T S A C
T I E I J G A E U U N Z E T L
E V T G H E L T I Z L G B J V
```

ACCOUNT	CREDIT	MONEY
ARBITRAGE	ENTERPRISE	SAVINGS
BANKING	FINANCING	STOCKMARKET
BROKER	FLOATATION	
BUSINESS	FUNDING	
CAPITAL	HIGH FINANCE	
COMMERCIAL	HOME BANKING	
CORPORATE	INVESTING	

Puzzle #4

TREES

```
F  S  W  G  E  M  S  Y  N  A  G  O  H  A  M
W  Y  E  P  P  V  M  S  T  E  A  K  Z  X  F
K  C  Q  P  E  L  I  A  E  A  Q  L  A  Z  W
V  A  S  S  H  O  L  L  Y  R  U  I  U  Z  E
W  M  L  E  B  A  I  W  O  K  P  Q  C  Q  K
R  O  L  R  E  D  W  O  O  D  B  Y  M  D  C
M  R  B  A  G  S  U  T  P  Y  L  A  C  U  E
T  E  D  A  P  Y  C  E  H  Q  J  E  S  W  K
Y  M  Y  U  O  T  F  W  C  O  I  Y  S  I  O
R  R  N  E  J  B  U  V  R  U  R  G  W  L  Q
T  I  O  A  L  M  O  N  D  Y  R  N  R  L  L
B  H  F  K  Y  P  R  B  O  S  S  P  I  O  M
C  D  R  I  C  N  P  W  U  C  E  X  S  W  N
M  X  Y  A  G  I  A  A  K  C  O  L  M  E  H
T  U  N  L  A  W  H  B  D  A  D  C  B  H  U
```

ALMOND	FIG	OLIVE
APPLE	FIR	REDWOOD
BANYAN	HAWTHORN	SPRUCE
BAOBOB	HEMLOCK	SPRUCE
COCONUT PALM	HICKORY	SYCAMORE
CYPRESS	HOLLY	TEAK
ELM	KUMQUAT	WALNUT
EUCALYPTUS	MAHOGANY	WILLOW

Puzzle #5

FOOD

```
A  M  M  P  E  N  I  R  A  T  C  E  N  Q  B
M  A  M  N  L  I  J  S  V  P  E  V  I  L  O
P  L  L  E  K  A  H  S  K  L  I  M  B  C  A
A  X  O  L  A  N  E  E  T  X  N  F  B  X  W
R  F  A  B  A  T  L  M  G  A  D  Y  L  E  M
S  E  E  Y  S  B  L  D  T  N  O  F  E  U  L
L  L  T  U  A  T  T  O  G  A  A  H  D  A  C
E  P  P  S  G  P  E  A  A  A  O  R  D  W  N
Y  A  L  O  Y  N  A  R  E  F  K  P  O  H  V
S  N  E  T  P  O  I  P  O  M  R  P  W  A  B
G  C  E  M  N  I  P  R  M  Z  A  V  A  N  C
J  A  L  C  E  L  L  S  E  L  D  O  O  N  V
F  K  D  E  T  N  R  L  L  M  T  H  Y  E  V
R  E  Q  S  T  A  U  Q  O  L  F  M  W  D  K
S  N  S  T  R  K  R  I  N  L  I  O  X  B  F
```

LOBSTER	MILKSHAKE	OLIVE
LOLLIPOP	NECTAR	ORANGE
LOQUAT	NECTARINE	OYSTER
LOX	NIBBLE	PAN
MEATBALL	NOODLES	PANCAKE
MEATLOAF	OATMEAL	PAPAYA
MELON	OATS	PARSLEY
MENU	OIL	
MERINGUE	OKRA	

Puzzle #6

FOOD

```
P  T  N  R  O  C  O  O  K  B  O  O  K  N  X
V  L  U  R  L  C  H  I  C  K  P  E  A  S  Z
J  C  W  N  E  V  L  O  E  R  A  M  P  E  U
O  A  O  N  O  W  V  T  P  I  A  M  R  R  B
E  T  A  L  O  C  O  H  C  S  K  I  J  U  B
Y  S  O  G  E  M  O  L  Q  H  T  O  V  U  G
R  N  I  C  C  S  A  C  F  S  U  I  O  A  Y
S  E  V  I  H  C  L  N  L  I  E  T  C  C  C
W  Z  A  X  O  E  J  A  N  A  L  X  N  K  G
F  S  T  W  W  G  R  Y  W  I  E  U  V  E  S
S  E  K  A  L  F  N  R  O  C  C  R  A  M  Y
D  S  O  Y  G  K  S  F  Y  R  E  L  E  C  W
A  P  V  V  E  K  A  C  E  S  E  E  H  C  T
V  W  B  S  R  D  S  P  I  H  C  O  B  F  A
Z  O  R  Q  N  E  K  C  I  H  C  L  F  B  R
```

CAULIFLOWER	CHICKPEAS	COCONUT
CAVIAR	CHIPS	COLESLAW
CELERY	CHIVES	COOKBOOK
CEREAL	CHOCOLATE	COOKIE
CHEESECAKE	CHOPSTICKS	CORN
CHEF	CHOW	CORNFLAKES
CHERRY	CHUTNEY	
CHICKEN	CINNAMON	

Puzzle #7

POSITIVE WORDS

```
N  W  M  X  Y  L  E  V  O  N  R  L  P  Z  H
U  M  G  I  I  L  U  E  S  I  D  A  R  A  P
T  K  E  I  R  M  E  F  B  N  O  W  P  J  N
R  F  R  R  D  A  A  V  G  N  I  V  O  M  M
I  F  O  H  I  S  C  R  O  N  E  C  T  M  P
T  N  P  X  N  T  M  U  V  L  I  P  E  T  H
I  U  T  P  T  E  W  L  L  E  G  N  O  P  E
O  R  I  E  Q  R  S  M  A  O  L  I  A  Z  N
U  T  M  R  C  F  T  U  R  R  U  O  F  E  O
S  U  I  F  G  U  L  Y  O  Y  U  S  U  A  M
S  R  S  E  A  L  H  B  K  N  A  T  Z  S  E
P  I  T  C  Q  K  S  H  B  C  I  K  A  A  N
G  N  I  T  A  V  I  T  O  M  U  M  O  N  A
Q  G  C  M  W  F  X  V  K  T  D  L  U  S  L
M  E  R  I  T  O  R  I  O  U  S  H  W  L  Q
```

LOVELY	MIRACULOUS	NUTRITIOUS
LUCKY	MOTIVATING	OKAY
LUMINOUS	MOVING	OPEN
MARVELOUS	NATURAL	OPTIMISTIC
MASTERFUL	NICE	PARADISE
MEANINGFUL	NOVEL	PERFECT
MERIT	NOW	PHENOMENAL
MERITORIOUS	NURTURING	

Puzzle #8
LANDMARKS US

```
K  K  G  U  Y  G  W  X  L  N  S  F  Z  E  V
B  F  F  R  E  E  D  O  M  T  R  A  I  L  C
I  X  W  S  V  L  M  R  W  B  T  N  D  Z  F
W  I  W  N  F  L  J  P  X  V  M  P  Q  E  I
J  N  B  A  X  I  D  Y  Q  Q  G  X  E  I  I
V  D  B  T  N  S  J  U  E  R  Q  K  O  S  E
I  R  L  I  L  I  O  W  L  W  U  U  Y  W  Q
N  F  T  O  E  S  U  O  H  E  T  I  H  W  T
Q  V  S  N  T  L  Q  N  N  E  U  N  A  K  Q
N  I  D  A  G  A  T  E  W  A  Y  A  R  C  H
G  B  F  L  L  N  V  H  S  I  U  D  P  S  T
O  K  E  M  A  D  R  E  V  O  O  H  T  V  B
V  T  G  A  S  L  E  T  G  K  L  S  Z  G  K
O  M  A  L  A  E  H  T  U  O  L  Q  G  S  Q
W  S  U  L  T  D  B  R  I  E  E  B  O  S  R
```

ELLIS ISLAND   FREEDOM TRAIL   GATEWAY ARCH
HOOVER DAME   NATIONAL MALL   THE ALAMO
WHITE HOUSE

Puzzle #9

CHRISTMAS

```
D  S  T  N  E  M  A  N  R  O  W  E  E  M  T
D  Q  H  C  J  M  B  R  E  L  A  X  I  N  G
S  S  E  N  E  V  I  G  R  O  F  A  B  R  E
H  A  P  P  I  N  E  S  S  G  O  H  I  S  D
S  N  T  Y  L  I  M  A  F  I  J  F  I  M  J
R  E  X  C  I  T  E  D  S  N  S  T  F  I  G
S  X  V  E  S  C  S  I  N  G  I  N  G  L  S
T  I  S  L  V  V  H  O  P  E  X  L  C  E  T
R  P  E  E  E  X  C  G  N  R  V  M  R  S  O
A  U  R  V  I  O  W  U  Y  B  C  O  F  C  C
W  Q  D  D  E  K  N  P  F  R  M  O  L  Q  K
G  S  N  O  W  I  O  O  E  E  R  C  I  F  I
R  E  Q  Q  L  S  L  O  R  A  C  E  Z  V  N
W  T  I  R  I  P  S  E  C  D  C  Y  M  Z  G
M  C  S  D  I  K  H  Q  B  C  Q  E  G  Z  S
```

BELIEVE	GINGERBREAD	PEACE
CAROLS	HAPPINESS	RELAXING
COOKIES	HOPE	RUDOLPH
ELVES	KIDS	SINGING
EXCITED	LOVE	SMILES
FAMILY	MERRY	SNOW
FORGIVENESS	NOEL	SPIRIT
GIFTS	ORNAMENTS	STOCKINGS

Puzzle #10

CHINESE NEW YEAR

```
X  Z  F  S  T  L  L  X  M  Z  G  H  R  N  R
G  X  X  Q  T  T  A  K  T  H  O  A  U  B  P
S  N  A  K  E  I  S  V  F  W  L  D  X  T  Z
I  V  I  O  K  S  G  D  I  P  E  F  I  N  O
X  G  E  R  E  D  G  E  X  T  W  L  B  A  U
H  W  B  K  A  G  C  N  R  G  S  U  V  P  C
I  O  H  K  M  D  N  C  I  E  I  E  A  E  F
S  D  S  D  C  M  N  B  L  L  T  P  F  K  V
N  R  H  P  U  C  O  A  H  D  P  S  C  K  T
L  S  E  L  D  O  O  N  M  S  R  M  O  O  N
H  U  E  M  W  L  U  C  K  J  Z  A  U  O  Z
S  A  P  O  C  T  M  E  A  E  I  O  G  D  R
C  A  A  L  R  A  B  B  I  T  Y  G  U  O  A
L  C  A  C  Z  A  G  O  H  I  J  C  R  G  N
G  L  A  P  N  T  T  A  H  A  Q  Z  T  M  U
```

CAT	MONKEY	ROOSTER
DOG	MOON	SHEEP
DRAGON	NOODLES	SNAKE
DUMPLINGS	PIG	TIGER
FESTIVAL	RABBIT	TWELVE
LUCK	RAT	ZODIAC
MANDARIN	RED	

Puzzle #11

FLOWERS

```
E  B  I  T  T  E  R  R  O  O  T  L  W  V  X
D  A  P  P  L  E  B  L  O  S  S  O  M  O  B
E  B  D  M  B  W  D  O  E  J  D  B  C  F  O
L  Y  A  B  E  S  S  A  U  G  Q  U  A  F  U
W  S  N  B  L  A  U  O  I  Q  J  T  N  R  G
E  B  D  E  L  U  I  C  M  S  U  T  D  E  A
I  R  E  D  F  U  E  L  O  S  Y  E  Y  E  I
S  E  L  F  L  L  E  B  H  R  O  R  T  S  N
S  A  I  N  O  G  E  B  E  A  C  C  U  I  V
T  T  O  O  W  B  I  H  O  L  D  U  F  A  I
G  H  N  L  E  J  W  F  Q  N  L  P  T  C  L
S  D  T  P  R  N  O  I  T  A  N  R  A  C  L
C  Y  N  A  I  L  L  E  M  A  C  E  K  G  E
K  L  I  D  O  F  F  A  D  N  X  X  T  Y  A
X  Z  M  U  M  E  H  T  N  A  S  Y  R  H  C
```

APPLE BLOSSOM	BOUQUET	DAFFODIL
BABYS BREATH	BUTTERCUP	DAHLIA
BEGONIA	CAMELLIA	DAISY
BELLFLOWER	CANDYTUFT	DANDELION
BITTERROOT	CARNATION	EDELWEISS
BLUEBELL	CHRYSANTHEMUM	FREESIA
BLUEBONNET	COSMOS	
BOUGAINVILLEA	CROCUS	

Puzzle #12

PASSAGES5

```
S  U  I  L  E  N  R  O  C  W  P  C  Q  O  F
D  K  S  S  A  K  Y  A  R  E  L  V  S  R  M
J  X  A  C  H  U  R  C  H  O  J  B  B  E  L
D  P  U  S  M  T  F  E  V  C  J  E  Z  S  I
P  I  L  A  T  E  R  X  T  A  R  S  U  S  N
R  C  S  L  W  N  N  I  M  E  J  Q  W  U  L
P  J  H  A  S  S  E  L  B  J  P  G  Y  R  G
B  B  I  R  I  H  L  M  N  P  N  O  H  E  D
S  R  E  A  I  N  I  A  D  A  N  E  H  C  T
C  A  Z  P  U  S  A  H  Y  N  T  D  S  T  W
X  A  M  R  N  G  T  N  D  A  A  I  V  I  O
G  N  X  O  R  D  J  A  A  E  R  M  O  O  R
S  A  P  P  H  I  R  A  E  B  A  T  M  N  Z
J  U  T  Z  H  T  C  P  L  R  Q  T  E  O  S
S  U  S  E  J  Y  Z  Y  A  L  G  L  H  B  C
```

ANANIAS	GATE	SAPPHIRA
BETRAYAL	GREAT	SAUL
BIRTH	JESUS	TARSUS
CHRIST	NATIONS	TARSUS
CHURCH	PETER	THOMAS
COMMANDMENTS	PILATE	
CORNELIUS	RESSURECTION	
DEATH	RISEN	

REVELATION

```
A  B  H  A  I  H  P  L  E  D  A  L  I  H  P
N  G  O  N  R  T  E  P  M  U  R  T  L  H  S
I  E  Z  O  O  A  H  L  Y  M  K  N  A  U  N
Y  P  V  S  K  L  T  Y  A  T  H  R  O  N  E
O  E  D  A  A  O  Y  S  A  I  G  S  D  D  M
S  R  S  R  E  L  F  B  G  T  V  M  I  U  N
H  G  L  D  A  H  P  L  A  N  I  Y  C  L  M
A  A  W  I  H  G  W  L  I  B  I  R  I  A  G
R  M  R  S  B  T  O  E  A  F  R  N  A  M  D
K  O  U  V  W  B  N  N  G  E  A  R  B  H
J  S  U  E  H  P  E  N  Z  U  J  K  O  O
S  E  V  E  N  S  E  A  L  S  Q  E  Q  F  M
I  T  S  A  E  B  T  E  L  R  A  C  S  G  E
E  M  Q  W  I  T  N  E  S  S  E  S  F  O  G
Y  O  U  S  D  V  K  S  E  I  W  P  B  D  A
```

ALPHA	MORNING STAR	SEVEN SEALS
BABYLON	NEW HEAVEN	SMYRNA
BOOK OF LIFE	OMEGA	THRONE
DRAGON	PERGAMOS	THYATIRA
EPHESUS	PHILADELPHIA	TRUMPET
HARVEST	PLAGUES	VIAL
LAMB OF GOD	SARDIS	WITNESSES
LAODICIA	SCARLET BEAST	

Puzzle #14

FOOD

```
W  C  L  L  U  V  K  O  W  N  Q  R  F  F  I
W  A  A  J  P  V  X  S  M  A  Y  X  Y  N  Q
Z  A  T  S  D  W  O  S  X  W  S  K  L  O  Y
S  W  B  E  S  J  I  V  G  N  E  A  O  E  I
N  N  N  A  R  E  L  R  G  G  B  T  B  E  G
W  I  O  G  C  C  R  A  C  K  E  R  S  I  B
T  H  M  S  D  O  R  O  E  C  D  K  P  C  L
N  U  W  A  I  U  N  E  L  V  I  W  P  D  B
S  I  N  D  T  N  M  F  S  E  M  A  B  U  K
H  K  U  L  R  I  E  P  H  S  S  F  A  L  J
E  L  F  F  A  W  V  V  L  K  U  E  P  C  E
Z  H  R  G  O  W  A  R  R  I  M  R  E  M  I
G  M  U  D  O  E  H  T  S  K  N  J  X  H  W
I  N  I  H  C  C  U  Z  E  O  K  G  A  T  C
H  C  T  R  U  G  O  Y  E  R  D  B  S  T  N
```

BACON	VEAL	WATERCRESS
CASSEROLE	VENISON	WOK
CHEESE	VITAMIN	YAM
CRACKERS	WAFER	YOGURT
DIM SUM	WAFFLE	YOLK
DUMPLINGS	WALNUT	ZUCCHINI
EGGS	WASABI	
STEW	WATER	

Puzzle #15

FOOD

```
G  W  G  Y  U  J  R  T  I  G  L  S  F  C  N
V  C  E  E  R  T  G  E  U  J  T  Z  C  D  N
G  N  A  D  I  Y  W  H  G  N  D  H  J  V  H
G  R  A  V  Y  H  T  A  A  R  L  P  G  K  E
M  R  A  E  A  E  O  I  W  L  U  E  U  B  R
G  C  G  N  B  U  N  N  U  F  I  B  Z  K  B
R  N  U  N  O  N  G  O  E  R  H  B  M  A  S
A  K  I  H  X  L  E  G  H  Y  F  U  U  A  H
T  Q  V  T  S  G  A  E  H  E  A  X  Z  T  H
E  U  R  U  S  A  R  G  R  E  E  N  T  E  A
D  V  L  A  B  O  H  E  U  G  G  V  F  N  G
Y  G  M  T  I  U  R  F  E  P  A  R  G  U  G
W  S  G  P  O  M  R  F  J  N  H  M  A  H  U
X  Z  F  Q  I  J  X  G  N  G  S  O  C  P  C
P  D  L  U  H  E  L  O  M  A  C  A  U  G  E
```

FROSTING	GRAVY	HALIBUT
FRUIT	GREEN BEAN	HAM
FRUIT	GREEN TEA	HAMBURGER
FRY	GREENS	HASH
GRANOLA	GREENS	HAZELNUT
GRAPE	GRUB	HERBS
GRAPEFRUIT	GUACAMOLE	HONEY
GRATED	GUAVA	HONEYDEW

PARABLES2

```
S A X M U L O S T C O I N S B
A M H H Y W Z E O M B Z B J X
E L T I E X O T E U Q N A B T
Z H K N G M A D W S E C Z V O
W P O T E N J T I A I U L Z W
A R S Y L T I R A W J R Y T E
T O W T E U S K E E K K A S R
C D W B E K F I G T R E E H K
H I C H L W W H S N S G S V P
I G S E R V A N T N I A S A R
N A M H C I R R I I I R M O I
G L D F G Z E L D B A R R E N
L V K V E N L F X Y P F Y A T
Y Z A A T S E N O H S I D J W
N F Q S Q R O T C E L L O C R
```

BANQUET
BARREN
COLLECTOR
DISHONEST
DISHONEST
FAITHFUL
FIG TREE
GREAT

INSISTENT
LOST COIN
MASTER
PHARISEE
PRODIGAL
RICH MAN
SERVANT
SON

STEWARD
STEWARD
TAX
TOWER
WARRING KING
WATCHING
WIDOW

Puzzle #17

FUNFAIRS

```
R  D  A  N  C  E  Y  E  A  D  N  U  S  E  X
X  R  G  C  H  E  E  R  F  U  L  B  D  N  Q
X  C  M  O  X  L  L  L  E  V  E  N  T  T  W
D  O  B  N  T  L  C  E  B  E  M  N  L  E  H
R  T  C  T  Y  E  A  I  B  A  H  I  V  R  I
T  T  E  E  S  D  U  V  R  R  Y  C  J  T  P
C  O  L  S  H  W  N  Q  I  C  A  O  E  A  P
O  N  E  T  O  K  I  A  N  N  U  T  J  I  E
S  C  B  U  M  P  E  R  C  A  R  S  I  N  D
T  A  R  J  O  T  B  T  L  R  B  A  R  O  E
U  N  A  L  L  I  N  A  V  L  U  O  C  F  N
M  D  T  I  S  Y  R  U  P  C  A  V  O  R  T
E  Y  E  C  O  U  N  T  Y  F  A  I  R  T  F
J  G  N  W  O  L  C  S  U  C  R  I  C  E  H
A  S  N  O  I  S  S  E  C  N  O  C  T  Q  I
```

BANQUET	CELEBRATION	COTTON CANDY
BOOTH	CHEERFUL	COUNTY FAIR
BUMPER CARS	CHEERY	DANCE
CANDY	CIRCUS	ENJOYABLE
CARNIVAL	CIRCUS CLOWN	ENTERTAIN
CARNIVAL	CONCESSIONS	EVENT
CAVORT	CONTEST	FAIR
CELEBRATE	COSTUME	

Puzzle #18

WINE

```
S  L  A  T  N  E  M  A  R  C  A  S  Z  Z  M
A  P  C  A  L  I  F  O  R  N  I  A  S  G  N
Q  J  I  K  T  G  I  H  C  N  E  R  F  V  O
U  J  O  B  C  N  E  T  R  E  S  S  E  D  P
M  B  R  I  U  Y  A  N  N  O  D  R  A  H  C
T  E  E  J  R  B  P  I  G  A  N  P  I  N  K
Y  E  D  Z  I  L  B  B  R  A  I  I  O  G  W
F  D  N  O  X  U  O  L  E  B  P  H  V  C  H
P  R  N  R  C  S  R  H  Y  V  E  M  C  M  I
K  I  W  U  E  H  D  S  O  Q  E  N  A  S  T
T  N  N  K  G  B  E  M  U  C  M  R  I  H  E
O  K  O  O  I  R  A  S  Y  A  L  T  A  R  C
K  R  U  L  T  P  U  C  O  V  A  A  I  G  D
A  H  Q  D  P  Z  X  B  S  R  B  O  O  Z  E
Y  H  M  U  S  C  A  D  E  T  O  L  R  E  M
```

ALCOHOL	CALIFORNIA	PLONK
ALTAR	CHAMPAGNE	RED
BEVERAGE	DESSERT	ROSE
BLUSH	DRINK	SACRAMENTAL
BOOZE	FRENCH	TOKAY
BORDEAUX	INEBRIANT	VINO
BUBBLY	MEDOC	WHITE
BURGUNDY	PINK	

Puzzle #19

LUKE

```
D  R  E  P  E  N  T  A  N  C  E  R  D  A  K
I  N  F  O  U  N  D  A  T  I  O  N  U  U  J
Y  F  H  I  D  N  E  C  Y  I  S  T  J  C  A
K  I  D  O  O  G  G  M  I  R  U  M  D  E  N
R  K  Y  A  J  L  G  J  R  D  D  R  X  S  N
M  H  T  E  B  A  S  I  L  E  E  P  F  W  A
Y  G  O  L  A  E  N  E  G  O  H  H  T  R  S
N  S  D  W  P  N  R  H  E  A  S  S  S  G  Q
F  P  H  Y  T  S  A  Q  N  H  V  T  I  A  P
P  Z  X  N  I  O  C  M  T  C  L  H  M  F  W
E  G  W  I  S  Y  S  R  I  I  O  V  E  P  E
R  A  D  S  T  E  S  Z  L  O  A  E  O  A  V
I  Y  E  N  O  M  F  O  E  V  O  L  N  Z  N
S  N  O  I  T  U  C  E  S  R  E  P  L  M  X
H  G  P  E  E  H  S  A  M  A  R  I  T  A  N
```

ANNA	GENEALOGY	PERSECUTION
BAD	GENTILES	REPENTANCE
BAPTIST	GOOD	SAMARITAN
COIN	GOOD	SHEEP
ELISABETH	JOHN	SIMEON
FISHERMEN	LOST	WASHED
FOUNDATION	LOVE OF MONEY	
FRUIT	PERISH	

Puzzle #20

HAPPINESS

```
Q  T  C  P  O  B  S  W  O  R  K  I  N  G  L
Z  M  D  Z  R  R  R  E  A  D  I  N  G  T  U
Q  M  O  T  I  V  A  T  I  O  N  S  K  X  E
X  U  C  T  J  X  W  P  N  V  J  E  P  S  G
Z  S  U  C  C  E  S  S  T  A  O  X  M  L  A
W  I  N  N  I  N  G  E  R  U  I  M  L  O  I
N  C  S  U  N  S  H  I  N  E  R  D  N  Z  W
Y  O  W  J  W  O  R  K  W  I  F  E  A  U  O
A  Y  I  W  N  O  I  T  A  X  A  L  E  R  R
Q  T  W  T  Z  R  W  G  H  X  M  G  I  O  S
P  L  I  H  A  N  O  I  I  T  D  H  Z  N  H
R  V  W  E  L  C  O  M  E  L  M  A  P  R  I
T  X  N  O  I  T  A  T  U  P  E  R  C  P  P
G  N  I  D  D  E  W  V  K  J  J  R  A  S  J
G  N  I  R  E  E  T  N  U  L  O  V  R  W  J
```

MOTIVATION
MOVIES
MUSIC
RADIANT
RAPTURE
READING
RELAXATION
RELIGION

REPUTATION
SUCCESS
SUNSHINE
VACATION
VOLUNTEERING
WARMTH
WEDDING
WELCOME

WIFE
WINNING
WOMEN
WORK
WORKING
WORSHIP

Puzzle #21

OLYMPIC SPORTS

```
R  L  F  R  S  C  I  T  S  A  N  M  Y  G  Y
U  Z  D  E  A  B  O  B  S  L  E  D  G  S  R
G  B  Z  B  N  N  S  W  I  M  M  I  N  G  J
B  O  H  Y  Y  C  A  S  O  C  C  E  R  K  T
Y  X  L  A  M  N  I  I  F  O  P  Q  J  B  Y
G  I  B  F  N  Y  O  N  R  S  I  N  N  E  T
G  N  I  V  I  D  R  T  G  T  L  V  E  P  N
U  G  I  P  I  K  B  E  N  N  S  Z  C  V  U
I  D  I  L  T  K  A  A  H  I  I  E  B  R  S
D  X  S  R  R  X  J  R  L  C  M  L  U  Q  U
Q  T  Q  O  D  U  J  J  A  L  R  D  C  Q  W
O  K  P  W  Y  R  C  U  D  T  U  A  A  Y  E
S  V  K  I  P  M  L  L  A  B  E  S  A  B  C
U  G  I  N  D  B  A  S  K  E  T  B  A  L  L
G  A  G  G  A  Y  E  K  C  O  H  E  C  I  U
```

ARCHERY	DIVING	KARATE
BADMINTON	EQUESTRIAN	ROWING
BASEBALL	FENCING	RUGBY
BASKETBALL	GOLF	SOCCER
BOBSLED	GYMNASTICS	SWIMMING
BOXING	HANDBALL	TENNIS
CURLING	ICE HOCKEY	
CYCLING	JUDO	

Puzzle #22

PARABLES1

```
W  T  X  Z  S  T  N  E  L  A  T  E  H  T  M
I  S  U  Z  Z  J  T  W  A  T  C  H  F  U  L
S  O  Y  V  U  U  O  Z  F  R  I  E  N  D  A
E  R  W  E  T  Z  K  W  C  V  Y  B  W  R  B
S  M  I  D  N  I  G  H  T  H  J  Y  E  A  O
A  H  S  I  L  O  O  F  T  B  R  G  E  W  U
S  R  O  T  B  E  D  V  G  W  J  I  D  N  R
V  A  S  D  L  O  H  E  S  U  O  H  S  E  E
I  B  M  T  P  V  M  J  H  U  G  R  Y  T  R
N  G  K  A  N  V  M  A  S  T  A  O  G  G  S
E  W  J  V  R  A  Y  W  I  P  S  E  O  V  C
Y  M  X  N  U  I  V  B  L  D  E  Q  Y  D  Z
A  R  E  Y  I  K  T  R  V  I  E  E  E  F  Y
R  G  V  Y  A  N  U  A  E  I  D  N  H  H  A
D  M  Z  V  F  P  A  H  N  S  E  D  S  S  T
```

CHRIST	HOUSEHOLD	THE TALENTS
DEBTORS	LABOURERS	TWO
DRAW NET	MAIDENS	VINEYARD
FOOLISH	MIDNIGHT	WATCHFUL
FRIEND	SAMARITAN	WEEDS
GOATS	SEED	WISE
GOOD	SERVANTS	
GROWTH	SHEEP	

RESTAURANT

```
R  E  T  I  A  W  T  E  M  R  U  O  G  W  T
R  Y  V  N  P  T  I  I  B  C  B  C  H  A  B
E  K  E  R  P  W  A  T  E  R  O  C  U  I  L
S  K  B  R  E  A  K  F  A  S  T  O  M  T  L
E  M  V  N  T  I  O  M  F  P  W  N  K  R  S
R  A  O  C  I  K  H  V  P  K  I  D  F  E  V
V  I  N  D  Z  A  D  S  L  B  D  I  S  S  D
A  N  Y  M  E  P  I  B  A  X  J  M  T  S  T
T  C  O  U  R  S  E  R  T  C  S  E  E  Q  V
I  O  P  T  O  M  I  E  E  L  D  N  A  C  M
O  U  B  U  B  E  K  A  C  T  Y  T  K  O  L
N  R  Z  C  O  O  K  D  R  U  E  S  Y  Y  P
P  S  K  J  I  K  W  C  W  B  I  F  H  Y  O
M  E  N  U  C  X  A  L  R  E  T  T  A  L  P
C  A  K  J  C  E  N  T  E  R  P  I  E  C  E
```

APPETIZER	CASHIER	MENU
BOWL	CENTERPIECE	PLATE
BRAISED	CONDIMENTS	PLATTER
BREAD	COOK	RESERVATION
BREAKFAST	COOKED	STEAK
CAFETERIA	COURSE	WAITER
CAKE	GOURMET	WAITRESS
CANDLE	MAIN COURSE	WATER

Puzzle #24

BIBLE WORDS6

```
G  I  C  S  T  S  D  V  S  A  R  D  I  U  S
I  T  Z  I  S  A  E  U  E  H  N  A  U  V  H
S  A  Q  L  V  H  B  R  L  S  R  L  S  R  E
T  B  S  V  F  A  E  R  V  Y  T  O  I  E  K
R  E  P  E  M  T  I  R  E  I  R  R  U  W  E
E  R  H  R  H  W  N  N  D  T  T  U  Y  D  L
S  N  M  L  W  S  F  A  G  T  A  O  S  W  T
P  A  E  I  S  H  I  T  E  L  Z  L  R  U  A
A  C  B  N  T  E  C  D  E  J  O  W  E  H  X
S  L  K  G  I  T  A  R  F  I  R  R  R  N  A
S  E  M  S  P  M  I  T  A  F  L  E  Y  I  T
C  Y  T  O  P  W  A  H  W  R  U  T  S  K  I
T  R  A  V  A  I  L  C  S  A  T  N  R  R  O
J  R  E  N  I  Y  H  T  Y  Z  R  E  S  E  N
F  Q  U  N  I  C  O  R  N  S  O  D  T  L  E
```

SARDIUS	SILVERLINGS	THYINE
SEATWARD	SNUFFDISHES	TRAVAIL
SELVEDGE	SYCAMINE	TRESPASS
SERJEANT	TABERNACLE	UNICORN
SERVITOR	TABRET	USURY
SHEKEL	TALENT	VAINGLORY
SHERD	TAXATION	VESTRY
SHITTIM	TEIL TREE	
SHROUD	TETRARCH	

Puzzle #25

DECORATIONS

```
E  A  W  M  M  S  A  T  N  A  S  V  B  D  E
S  F  P  Y  Q  L  G  O  Q  L  F  L  N  K  Z
R  N  G  N  I  L  K  N  I  W  T  Z  L  Z  N
S  O  O  F  U  F  I  B  I  H  R  E  P  A  P
E  E  U  W  H  E  E  G  T  K  T  G  A  O  B
N  O  N  H  F  M  F  V  H  J  C  A  E  C  G
U  B  T  O  Z  L  R  I  D  T  S  O  E  X  R
T  K  R  E  C  E  A  D  R  Y  S  L  T  R  O
C  F  I  E  L  E  L  K  N  E  D  W  L  S  W
R  P  B  T  T  N  V  E  A  P  N  O  E  S
A  I  B  T  R  T  S  I  E  S  L  L  A  B  B
C  X  O  F  A  E  I  I  P  S  D  R  A  C  K
K  L  N  W  I  O  E  L  M  Z  E  N  A  C  X
E  A  S  V  N  A  Z  G  G  E  F  B  J  G  E
R  O  R  N  A  M  E  N  T  L  E  S  N  I  T
```

BALLS	GLITTER	SNOWFLAKES
BELLS	LIGHTS	STOCKINGS
BOWS	MISTLETOE	TINSEL
CANDY	NUTCRACKER	TRAIN
CARDS	ORNAMENT	TREE
CARDS	PAPER	TWINKLING
ELVES	PINECONES	WREATH
FIREPLACE	RIBBONS	
GARLAND	SANTA	

PASSAGES4

```
T E M P T A T I O N S L K S E
H E P R O D I G A L S O N W T
J J B O S U E A H C C A Z I F
F Y C E S U O H V I Z M P A R
E V D E M E C S P N T W A C P
G F B L O R D S P R A Y E R P
S N R G U Y I U S Z F M T L Y
N R I U N C E K T R A K F W L
R E C H T U A L B I I Q I G H
J E H J C Y O E P A T O S C A
E F W W K A G Y W M H A H U Z
C P N O M R E S F A E T E V N
M K I M S V G R O C K T R B I
B R B A H R E P P U S T S A L
G V G N F O X E I L J B W D M
```

BEATITUDES	MARY	TEMPLE
FAITH	MOUNT	TEMPTATIONS
FISHERS	PREACHING	WELL
HOUSE	PRODIGAL SON	WOMAN
LAST SUPPER	RICH	YOUNG
LORDS PRAYER	ROCK	ZACCHAEUS
MAN	SERMON	
MARTHA	SOWER	

Applepie & Pickles Accessories

Puzzle #27

FLOWERS

```
P Y J O Z T R E W O L F N U S
S A F F L O W E R V B E L Y J
W M C M M H A A W G M I P R F
A T A Z A I T C Z O E J O Z C
L V U L C G S L I P L Y P D E
L W I L L A N T A N A F P G U
F O W O I O L O L R O F Y A F
L O K Q L P W I L E K R K A X
O R E D N E V A L I T S E Q M
W C I Z J H T Q E L A O P V D
E H Y P R I M R O S E E E U P
R I W A I N N I Z G O R H P R
C D D X S R I X Z O M R U O J
A I R E T S I W S C Y S N A P
D W C E S U S S I C R A N O L
```

IRIS	MISTLETOE	SUNFLOWER
LANTANA	NARCISSUS	TULIP
LARKSPUR	ORCHID	VERONICA
LAUREL LILAC	PANSY	VIOLET
LAVENDER	POPPY	WALLFLOWER
MAGNOLIA	PRIMROSE	WISTERIA
MALLOW	ROSE	ZINNIA
MAYFLOWER	SAFFLOWER	

Puzzle #28

LOVE

```
T  T  G  C  E  T  E  R  N  A  L  A  T  I  N
O  S  S  I  K  S  A  C  R  A  M  E  N  T  A
P  G  I  W  M  C  W  N  I  E  A  Y  T  H  Z
E  H  A  R  O  T  T  O  L  F  Y  R  W  M  B
R  V  D  T  A  V  R  E  R  I  I  A  T  Z  R
P  F  E  N  A  H  C  A  H  S  G  R  R  N  Z
E  T  T  R  I  Y  C  S  U  P  H  I  C  P  E
T  X  R  O  L  X  A  U  H  R  O  I  V  A  S
U  T  A  U  S  A  C  R  E  D  Q  R  P  S  S
A  N  D  E  S  H  S  S  P  B  Z  N  P  D  M
L  M  I  I  Y  T  U  T  F  R  A  C  I  V  Y
M  N  T  E  M  B  O  D  I  M  E  N  T  U  T
C  Z  I  N  U  V  G  G  E  N  E  S  I  S  D
W  V  O  L  U  N  T  E  E  R  G  X  U  Z  Q
L  I  N  Z  V  A  L  I  D  A  T  I  O  N  P
```

EMBODIMENT	PRAYER	TRUST
ETERNAL	PROPHET	VALIDATION
EUCHARIST	SACRAMENT	VICAR
EVERLASTING	SACRED	VIGIL
GENESIS	SACRIFICE	VOLUNTEER
LATIN	SAVIOR	VOWS
PERPETUAL	TORAH	WORSHIP
PRAY	TRADITION	

Puzzle #29

PASSAGES2

```
I  V  N  P  U  W  S  S  X  N  O  Z  H  O  F
I  V  J  R  N  N  J  E  R  I  C  H  O  Z  Y
T  R  G  O  L  I  A  T  H  N  P  F  T  O  W
B  T  A  P  N  K  C  O  R  S  O  I  P  U  K
B  N  P  H  Q  A  M  L  M  F  U  E  C  Q  R
C  D  E  E  A  Y  T  S  E  I  N  R  D  M  E
R  H  X  T  N  B  P  H  E  U  R  Y  L  I  E
A  H  C  A  V  O  Z  L  A  R  M  K  Z  U  G
I  W  S  Z  S  A  M  S  O  N  P  A  G  H  B
D  A  V  I  D  L  H  O  E  T  X  E  S  A  C
Q  J  P  I  P  R  U  Y  L  I  E  A  N  T  U
G  T  L  Y  X  S  E  I  H  O  P  M  U  T  R
W  E  H  G  E  Q  Q  T  G  P  S  S  P  K  S
N  S  T  N  E  M  D  N  A  M  M  O  C  L  H
D  E  Q  Q  E  A  I  B  F  W  R  F  M  Z  E
```

BULRUSHES	NAOMI	SOLOMON
COMMANDMENTS	PROPHET	SPIES
DAVID	RAHAB	TEMPLE
FIERY	ROCK	TEN
GIDEON	RUTH	WATER
GOLIATH	SAMSON	
JERICHO	SAMUEL	
JONATHAN	SERPENTS	

Puzzle #30

DENTIST

```
G  J  T  S  S  D  Y  F  C  Z  R  N  F  Z  H
Y  A  O  Q  P  E  D  O  D  O  N  T  I  S  T
M  R  O  X  E  N  R  I  K  F  Z  F  D  X  P
A  A  T  Z  P  T  Y  U  N  V  H  N  S  F  M
M  Z  H  S  W  A  H  Z  T  Y  C  S  S  Z  P
I  R  G  N  I  L  L  I  F  N  S  C  V  T  J
L  T  S  I  T  N  O  D  O  X  E  L  Q  Y  P
K  J  I  F  Q  U  E  V  P  A  C  D  L  O  G
T  N  O  N  M  R  O  D  L  M  Y  Y  I  N  Z
E  L  P  Z  T  S  I  T  N  O  D  O  D  N  E
E  X  H  T  E  E  T  U  N  L  T  W  H  A  O
T  W  H  A  S  R  L  A  N  A  C  T  O  R
H  H  X  D  I  Z  S  S  B  R  S  G  C  E  Z
D  M  O  R  T  H  O  D  O  N  T  I  S  T  X
F  N  L  A  N  O  I  T  C  A  R  T  X  E  F
```

DENISTRY	FILLING	ROOT CANAL
DENTAL NURSE	GOLD CAP	TEETH
DENTURES	MILK TEETH	TOOTH
ENDODONTIST	MOLAR	
EXODONTIST	ORTHODONTIST	
EXTRACTION	PEDODONTIST	

Puzzle #31

WINE

```
B I Y N P O H S I B S U G E N
A G C M I F O R T I F I E D E
Y Y R A N A C L E T A C S U M
O C N A L B N I N E H C K C Z
T D M F Z N H M O S E L L E C
T E O K T J C M U S C A T A H
E U N E V A O S T Q F R N S T
P X O N S I L O J U A E B L Q
W O T B O J D R F O M T D O V
Q G R T O B D T E D A C S U M
C V A T U K U F A T R U X B I
B D C L Y D C D M Q S K E O I
T P H O Y A K O T S A I Q J I
S H E R R Y L I H Z L A N P Z
G Q T Q I A R I E D A M K A X
```

BEAUJOLIS	MADEIRA	PORT
CANARY	MARSALA	RETSINA
CHENIN BLANC	MONOTRACHET	SHERRY
CLARET	MOSELLE	SOAVE
COLD DUCK	MUSCADET	TOKAY
DUBONNET	MUSCAT	
FORTIFIED	MUSCATEL	
HOCK	NEGUS BISHOP	

Puzzle #32

HAPPINESS

```
H  Z  L  S  E  I  T  I  V  I  T  S  E  F  Q
B  X  J  A  J  H  E  N  F  L  O  W  E  R  S
F  S  F  F  E  N  T  D  E  L  U  O  B  F  X
S  N  Q  F  Z  Y  E  N  U  M  L  C  Q  I  H
X  X  T  A  Y  O  L  R  E  T  E  J  C  L  Q
D  U  L  B  A  W  G  L  D  I  I  S  E  B  V
Z  Z  X  I  P  N  V  H  O  L  L  T  U  H  A
K  D  N  L  S  P  I  Y  D  J  I  L  A  M  T
C  R  E  I  C  C  H  M  A  O  P  H  U  R  A
N  O  I  T  C  E  F  F  A  W  O  K  C  B  G
A  H  M  Y  A  H  W  S  M  L  I  F  L  L  E
R  J  L  F  O  L  E  P  E  C  S  T  A  S  Y
L  U  F  Y  O  J  E  E  C  S  T  A  T  I  C
O  B  U  D  V  R  H  C  R  U  H  C  O  L  X
R  D  T  N  E  M  T  N  A  H  C  N  E  G  S
```

AFFABILITY	EBULLIENT	FOOD
AFFECTION	ECSTASY	GRATITUDE
AMUSEMENT	ECSTATIC	JOLLY
ANIMALS	ELATED	JOY
CHEER	ENCHANTMENT	JOYFUL
CHILDREN	FESTIVITIES	
CHURCH	FILMS	
COMFORT	FLOWERS	

Puzzle #33

END TIMES

```
I  D  E  I  F  I  C  U  R  C  N  T  D  P  L
Z  O  H  H  U  F  M  P  R  O  P  H  E  T  S
U  X  S  A  E  A  R  T  H  Q  U  A  K  E  S
B  R  O  T  H  E  R  N  A  M  F  O  N  O  S
A  G  D  B  N  I  O  P  B  M  E  V  T  V  N
R  E  P  E  R  I  C  L  O  U  D  S  T  H  D
R  N  K  T  S  E  O  U  M  O  D  M  L  C  M
E  E  D  R  I  O  T  N  I  Q  Q  G  D  A  H
S  R  J  A  C  F  L  S  N  W  A  T  C  H  F
T  A  L  Y  B  W  R  A  A  A  E  S  Z  S  W
Z  T  R  E  W  O  P  N  T  B  X  N  J  U  G
D  I  H  Q  I  F  Y  K  I  I  A  W  U  P  V
K  O  S  I  G  N  I  M  O  C  O  L  E  P  D
G  N  O  E  S  R  A  W  N  W  I  N  A  E  W
S  R  U  O  M  U  R  D  N  X  G  L  O  R  Y
```

ABOMINATION	CRUCIFIED	PROPHETS
ALABASTER BOX	DANIEL	RUMOURS
ANNOINTS	DESOLATION	SON OF MAN
ARREST	EARTHQUAKES	SUPPER
BETRAY	FALSE	WARS
BROTHER	GENERATION	WATCH
CLOUDS	GLORY	
COMING	POWER	

Puzzle #34

CONTINENTS

```
Z  Y  A  C  I  R  E  M  A  H  T  U  O  S  U
M  L  N  F  S  R  A  J  U  U  T  T  L  X  V
Q  I  U  T  E  N  X  C  R  F  W  L  B  M  X
K  P  A  N  H  V  A  T  I  T  Z  O  V  Y  W
V  R  P  C  M  P  I  E  U  R  O  P  E  D  E
Q  T  Y  G  I  H  F  Q  C  Q  F  H  D  H  I
F  X  R  E  M  T  W  G  H  O  D  A  Y  P  T
T  M  L  U  H  E  R  V  G  X  D  P  U  G  Q
Y  Y  A  U  S  T  R  A  L  I  A  A  T  Q  J
N  U  L  Y  I  C  B  Q  T  O  J  C  I  C  E
S  R  S  O  U  T  H  E  R  N  A  I  D  N  I
E  V  F  C  I  T  N  A  L  T  A  F  W  W  Q
H  K  N  O  R  T  H  A  M  E  R  I  C  A  K
K  R  F  B  R  B  R  F  J  D  Q  C  S  J  E
P  J  J  G  Y  N  N  L  F  D  Z  W  R  A  B
```

AFRICA

ANTARTICA

ARTIC

ASIA

ATLANTIC

AUSTRALIA

EUROPE

INDIAN

NORTH AMERICA

OCEANS

PACIFIC

SOUTH AMERICA

SOUTHERN

Puzzle #35

CAKES

```
T  G  L  B  Y  T  L  F  T  R  U  F  F  L  E
I  I  Z  A  U  G  Z  W  E  D  D  I  N  G  S
G  N  U  U  Y  T  N  S  Y  W  Z  N  W  A  W
I  G  F  R  O  S  T  I  N  G  Y  Q  K  E  I
O  E  X  S  F  O  Q  E  C  F  C  Q  K  D  S
I  R  E  G  U  A  C  H  R  I  S  T  M  A  S
P  I  P  K  D  L  Z  I  U  S  R  O  A  T  R
G  X  Z  A  E  N  T  I  P  M  C  C  J  E  O
V  F  W  O  C  M  O  A  L  E  M  O  N  R  L
G  V  I  N  O  A  B  M  N  B  G  O  T  B  L
S  X  D  H  R  D  I  J  L  A  V  X  G  C  L
Q  I  H  I  A  E  L  P  P  A  N  G  E  L  H
V  M  V  B  T  I  J  Z  J  C  M  A  C  O  S
C  H  T  S  E  R  O  F  K  C  A  L  B  K  V
J  D  B  S  P  A  T  T  O  C  I  R  U  I  F
```

ALMOND	DATE	MADEIRA
ANGEL	DECORATE	RICOTTA
APPLE	FROSTING	SULTANA
BANANA	FRUIT	SWISS ROLL
BLACK FOREST	GINGER	TRUFFLE
BUTTERSCOTCH	ICING	WEDDING
CHRISTMAS	LEMON	

Puzzle #36

CAR

```
G G L P H Z R A C S T R O P S
C G I K A Q I E W C Q X J I P
K I Z V C T I D D D J M T D I
C R O T T A R R R I S E E P R
O A H O R H B O D I R B Y H M
U C E Z U O A H L E O W Z L L
P E L E C T R I C C A R O H U
E C F O K R H Y A T A F Q L X
A A G O N O B E R B A R C O U
R R I E U D A T A X I H R D R
V G U B N R Y R V R U E U O Y
H J C A L K D V A N S S I A C
Y X J J Z V X O N W S E S U A
Y T O E N I S U O M I L E T R
N C V H B D A Y R R O L R S J
```

CARAVAN

COUPE

CRUISER

ELECTRIC CAR

FOURDOOR

HATCHBACK

HEARSE

HOT ROD

HYBRID

LIMOUSINE

LORRY

LOWRIDER

LUXURY CAR

PATROL CAR

RACE CAR

SPORTS CAR

SPORTS CAR

TAXI

TRUCK

VAN

Puzzle #37

PHILIPPIANS

```
B Y T H A N K S G I V I N G E
A N O I T A C I L P P U S T F
A I K R W S Y N T Y C H E P V
R Z N S U T I D O R H P A P E
T I M O T H E U S D R M T Q A
N Q C Q D W E U O D I A S F Z
R O R E Y A R P F T S U S E J
T O I Q C X C S S H T D W K M
O P N T B D T A N E A N N V X
S T H G I L N L M C N B I O M
X J S E H D R U O H D A W A B
J W S Z A K R T O U F L O D S
U R E J O I C E R R A K R K Q
D K B L H C I Q P C S W L S R
S T S E U Q E R I H T H D C F
```

BONDS	PRAYER	THANKSGIVING
CHRIST	REJOICE	THE CHURCH
EPAPHRODITUS	REQUESTS	TIMOTHEUS
EUODIAS	SAINT	TIMOTHEUS
JESUS	SALUTE	WORLD
LIGHTS	STAND FAST	
MACADONIA	SUPPLICATION	
PERDITION	SYNTYCHE	

Puzzle #38

BEER

```
J V V T G U B H A A E O R W Q
H L Q H S R K D R U B W H X W
Q K U F E E E Q U F R Y Z U C
U V T T N L F N A H C U O K W
P P C L S O A R S A S U P Z E
F O D R A F T E E L L L P Q I
E R R T W M Y R L B I E V Z S
W T M E A R Z D U A O P R P S
O E I X T E A V N B P T Q S B
A R R H L T H G U A R D K T I
S M V B W X I W A X H G O O E
T U Z A K C O B D L O S R U R
S S M U Q J D H C I N U M T A
G G T L N F Q L N G Z T H M L
C F Q N G L G J U S K C D A F
```

ALE	LAGAR	SHANDY
BITTER	MALT	STOUT
BOCK	MUNICH	WEISSBIER
BREW	OKTOBERFEST	WHEAT
BURTON	PALE ALE	WHITE
DRAFT	PILSNER	
DRAUGHT	PORTER	

Puzzle #39

PASSAGES6

```
S  H  I  P  W  R  E  C  K  L  X  R  T  C  S
N  V  N  B  I  Y  R  E  S  C  U  E  D  Q  L
S  O  K  L  A  F  S  N  E  H  T  A  M  E  L
H  N  I  Z  P  R  I  S  O  N  B  F  P  O  Y
A  U  N  T  S  M  N  O  H  Y  X  V  I  O  R
L  V  G  N  A  N  P  A  Y  N  P  I  A  G  W
D  D  A  P  A  D  A  R  B  E  T  O  L  P  X
M  L  G  W  X  I  N  J  E  A  Y  P  P  E  Q
Z  H  R  A  E  Y  T  U  D  A  S  B  C  S  F
J  G  I  O  R  S  G  S  O  X  C  I  W  E  J
K  I  P  M  W  G  I  H  I  F  K  H  L  R  G
U  G  P  D  J  W  C  M  H  R  F  Q  E  A  Q
Z  Z  A  U  H  J  E  N  O  Z  H  N  Q  R  S
I  X  P  R  I  S  O  N  E  R  Q  C  T  T  T
K  E  X  Y  H  P  R  Q  U  O  P  B  X  N  L
```

ATHENS	KING AGRIPPA	PROMISE
BARNABAS	NEW WORLD	RESCUED
CHRISTIAN	PAUL	ROME
DUTY	PLOT	SHIPWRECK
FELIX	PREACHER	SILAS
FOUNDATION	PRISON	
GIFT	PRISONER	

Puzzle #40

COLOSSIANS

```
E  O  F  E  L  L  O  W  S  E  R  V  A  N  T
F  X  A  C  B  Z  U  E  M  Y  S  T  E  R  Y
C  P  A  H  X  D  M  F  M  S  R  E  E  E  C
V  D  E  R  E  L  Y  I  H  O  D  O  V  P  S
H  H  H  Y  I  P  D  R  N  T  D  O  L  I  W
L  J  T  F  K  S  O  W  R  I  I  S  G  G  W
O  U  T  I  M  O  T  H  E  U  S  A  I  R  A
T  S  A  B  A  N  R  A  B  L  I  T  F  W  S
Y  Z  G  P  R  F  U  P  R  T  L  D  E  T  S
C  O  A  D  C  I  U  L  S  C  S  E  F  R  U
H  R  R  C  U  G  Z  N  N  K  H  I  T  Q  R
I  L  Q  U  S  V  R  N  W  B  L  U  R  H  A
C  N  R  L  Z  E  P  A  P  H  R  A  S  H  N
U  K  F  E  I  V  T  C  C  A  H  Z  W  A  C
S  H  U  S  B  A  N  D  S  E  E  I  C  D  E
```

ARISTARCHUS	FAITHFUL	MINISTER
ASSURANCE	FELLOWSERVANT	MYSTERY
BARNABAS	GLORY	PAUL
CHRIST	GOD	TIMOTHEUS
CHRIST	GRACE	TYCHICUS
DWELLETH	HOPE	WALK
EPAPHRAS	HUSBANDS	WISDOM
FAITH	MARCUS	WIVES

Puzzle #41

POSITIVE WORDS

```
E Z W U T N E I C I F F E N F
E E F F U Y L Y O Q I N J F X
F N D M V J C T S G O B S T O
F E T U C F O K P A D H V I A
E R V C B C U L E L E G A N T
R G X I K M R C V N L S W H E
V E M A T D A Z Z L I N G U F
E T A O C A G B T Z G V X E F
S I O R X D E L I G H T I N O
C C C C N H O R W D T F L D R
E Z J Y Y E U Z C K F P G O T
N C I T A T S C E T U E W R L
T R G J E J C T I B L I A S E
H P H I I E V I T C E F F E S
D E H S I U G N I T S I D D S
```

COURAGEOUS	EARNEST	ENDORSED
CREATIVE	EASY	ENERGETIC
CUTE	ECSTATIC	
DAZZLING	EFFECTIVE	
DELIGHT	EFFERVESCENT	
DELIGHTFUL	EFFICIENT	
DISTINGUISHED	EFFORTLESS	
DIVINE	ELEGANT	

Puzzle #42

CHRISTMAS DAY

```
N O K A G F Z M I S E L T O E
L A R G E S U A L C A T N A S
Z M M H O S T O C K I N G R N
L M R W S O Z G N I F F U T S
E V R S O T S T H G I L N T O
E Z F D I N N E R T C N J X H
F R I E N D S E W W U O U K X
O F Y C F C F P S R S R X K Y
Z L A E A H J E D E S T K C B
S T G M W O W A D A R H A E Z
E L B B I L Z C S T C P Y R Y
R E O E X L X E H H P O H O A
M E R R Y Y Y H G I E L S J R
B S E T A R E E D N I E R Y X
A O A F Z C A N D Y G F I R A
```

CANDY	LIGHTS	SLEIGH
CAROLS	MERRY	SNOWMAN
DECEMBER	MISELTOE	STAR
DINNER	NORTH POLE	STOCKING
FAMILY	PEACE	STUFFING
FRIENDS	PRESENTS	TREE
GOOSE	REINDEER	TURKEY
HOLLY	SANTA CLAUS	WREATH

Puzzle #43

MOM

```
Y S J E W E L R Y E D T A E Z
Q L F F F A D Q Q A B Z M B O
F N I F N O O S H S D D O A I
D C F M S O T N U S S I K Y A
E N D E A R I N G Q G V L Z Y
C L I A E F N T S M R Z V O X
T S H K M L G H A X A N G U H
U U E M T D I R A C T L R X D
J M R O G I N N T F I G A F L
S A I O R E R A G G T D T D Z
O Y T F L O W E R S U F E L Y
Q M A Z K I N J H G D S F D C
R J G M B J F O T N E H U G Y
X H E A R T R J H J I A L H M
O E J E W E L S D C E J Y U G
```

DEDICATION	GRATEFUL	INHERIT
DOTING	GRATITUDE	JEWELRY
ENDEARING	HEART	JEWELS
FAMILY	HERITAGE	KIN
FEELINGS	HOLIDAY	KIND
FLOWERS	HONOR	KISS
GIFT	HUG	LADY
GRANDMA	HUGS	

Puzzle #44

CAKES PIES

```
D  F  Y  E  A  S  T  H  I  A  M  I  N  R  X
E  A  V  X  X  B  S  A  A  E  S  P  R  A  B
G  L  S  V  S  O  M  P  E  S  B  U  P  O  I
A  M  S  D  C  P  V  V  O  H  K  H  G  F  N
C  W  T  E  A  I  D  D  U  X  W  E  M  A  G
H  A  N  F  T  E  R  O  L  L  S  E  J  E  R
O  G  L  E  L  A  R  B  U  U  L  M  P  P  E
C  H  U  C  T  O  R  B  B  G  O  L  L  F  D
O  B  E  O  I  U  U  Y  A  N  H  D  D  D  I
L  L  K  B  D  U  L  R  H  T  E  N  E  A  E
A  J  O  D  K  Y  M  G  B  O  T  T  U  P  N
T  L  A  K  E  E  A  K  L  U  B  E  I  T  T
E  B  K  O  D  E  R  J  C  N  L  R  R  G  S
D  K  U  B  Y  N  L  I  G  I  V  V  A  I  L
P  C  C  M  T  E  S  E  K  A  C  P  U  C  C
```

BATTER	DOUGHNUTS	SUGAR
BREADS	FLOUR	THIAMIN
CALCIUM	GLUTEN	WHEAT
CARBOHYRATES	INGREDIENTS	YEAST
CHOCOLATE	IRON	
CUPCAKES	PIE	
DOUGH	ROLLS	

Puzzle #45

VALENTINE'S DAY

```
D E M R A H C V B C H E R U B
N Q K D Q N W S O L A Q K G O
G O A A R B E A U O Y D H L J
Q M I Y F A G P Q O X P M M I
G D L T R F C N U P R E F Q E
C C U E A E E G E X S O V F F
H A O Y G R R C T E N I M E B
E R O U N N O I T C E F F A E
R N T P R D A D M I G F K V T
I A C V P T E T A D O R E B R
S T W A U I I V F E A N H D O
H I X O N J S N O O L L A B T
D O J R O D I K G L B P V T H
B N A A B O Y F R I E N D D E
B O W A N D A R R O W B E W D
```

ADMIRER	BE MINE	CARD
ADORATION	BEAU	CARNATION
ADORE	BELOVED	CHARMED
AFFECTION	BETROTHED	CHERISH
AFFECTIONATE	BOUQUET	CHERUB
AMOROUS	BOW AND ARROW	COURTING
ANGEL	BOYFRIEND	
BALLOONS	CANDY	

Puzzle #46

MUSICAL INSTRUMENTS

```
W  Q  H  M  N  M  A  N  D  O  L  I  N  S  S
D  I  D  G  E  R  I  D  O  O  N  J  U  X  Y
R  M  E  J  L  H  A  R  M  O  N  I  C  A  N
L  M  U  R  D  E  L  T  T  E  K  P  W  K  T
P  E  V  T  Y  R  A  T  I  S  S  W  F  L  H
I  I  I  F  E  L  A  B  I  U  J  L  U  V  E
A  B  T  P  U  P  S  J  U  M  G  Q  N  B  S
N  Y  Q  S  S  A  M  K  O  T  P  C  A  N  I
O  J  N  A  B  N  C  U  Z  L  C  A  N  E  Z
V  N  A  G  R  O  E  O  R  L  O  S  N  E  E
W  I  S  H  I  U  V  K  R  T  W  C  R  I  R
X  X  O  M  C  F  D  R  C  N  B  G  C  Q  Z
E  L  E  L  U  K  U  N  X  O  E  Q  X  I  P
K  U  S  D  I  R  B  A  A  X  L  T  L  R  P
O  O  L  W  K  N  D  B  B  B  L  G  O  Y  Q
```

BANDURA	HARMONICA	SYNTHESIZER
BANJO	KETTLEDRUM	TIMPANI
CORNET	LYRE	TRUMPET
COWBELL	MANDOLIN	TUBA
DIDGERIDOO	ORGAN	UKULELE
DRUMS	PIANO	VIOLIN
GLOCKENSPIEL	PICCOLO	
GUITAR	SITAR	

Puzzle #47

COFFEE

```
U G D T B R O W N O I R S I N
C W E E A E G A R E V E B L B
D T A X T B A V A J B K W G V
K E N J P S L N Z L A T T E T
V I C A Q R A E S C Z B O H U
C R O A T M E O N H O T W D L
A I M N F S K S R I G R I N D
F S B Y I E N N S C E B C K S
E H G A Q C I I I O M F A S M
A B E R R Y C N R R D O F G M
U J N S O A Q U A Y D E F A O
L Z U K U U G S P T S X E E C
A R O G B O N S G P E H E S H
I C E D S A H D Z I A D O S A
T U R K I S H S U E P C D P R
```

ARABIC	CHICORY	IRISH
BEANS	DECAFEINATED	JAVA
BERRY	DRINK	LATTE
BEVERAGE	EXPRESSO	MOCHA
BROWN	GRIND	NOIR
CAFE AU LAIT	GROUND	ROASTED
CAFFEE	HOT	SEED
CAFFEINE	ICED	TURKISH
CAPPUCCINO	INSTANT	

Puzzle #48

WIND

```
H  F  E  V  A  W  T  A  E  H  L  R  E  X  R
Q  M  I  S  T  E  G  O  V  O  H  E  U  B  R
V  K  T  G  B  O  N  N  R  N  R  S  S  Q  D
A  P  P  O  K  U  D  A  I  S  R  T  U  T  M
T  V  M  J  W  Y  A  A  C  N  N  E  R  L  Y
X  S  A  G  G  M  Q  R  N  I  T  E  E  L  S
S  C  O  L  I  U  S  A  C  R  R  H  B  T  N
F  K  D  R  A  Z  Z  I  L  B  O  R  G  M  O
O  O  D  F  F  N  N  N  O  I  V  T  U  I  W
Y  A  M  O  M  D  C  H  U  H  A  Z  E  H  L
N  W  F  G  O  R  T  H  D  R  T  H  W  C  L
S  O  C  Y  C  L  O  N  E  Z  E  E  R  B  F
H  P  H  E  A  J  F  T  S  C  B  Q  O  V  M
R  E  D  N  U  H  T  T  S  U  V  U  Y  D  R
S  S  Q  U  A  L  L  A  C  I  D  R  A  I  N
```

ACIDRAIN	FROST	SLEET
AVALANCHE	HAIL	SLUSH
BLIZZARD	HAZE	SNOW
BREEZE	HEATWAVE	SQUALL
CLOUD	HURRICANE	STORM
CYCLONE	LIGHTNING	THUNDER
FLOOD	MIST	TORNADO
FOG	RAIN	

Puzzle #49

CORINTHIANS2

```
B  W  B  Y  O  X  U  R  E  P  E  N  T  G  J
L  T  N  E  M  A  T  S  E  T  W  E  N  B  M
R  U  M  H  H  A  F  X  N  U  G  M  F  J  H
J  R  A  J  M  C  O  I  T  W  E  S  D  Z  Z
J  V  C  P  F  T  R  O  F  M  O  C  B  M  N
V  U  E  Y  M  U  G  U  H  A  K  R  A  K  Q
D  J  D  T  O  P  I  N  H  K  Q  C  C  R  Q
V  S  O  G  S  B  V  R  R  C  G  G  Q  I  G
G  B  N  D  E  F  E  P  I  S  T  L  E  S  F
A  S  I  N  S  M  N  L  O  D  N  T  G  N  H
P  E  A  C  E  D  E  R  I  L  E  F  E  G  M
P  Y  T  I  T  U  S  N  Y  A  J  K  O  C  N
I  O  P  T  A  E  S  T  T  L  L  T  O  D  Q
P  R  N  O  I  T  A  V  L  A  S  O  O  Y  Z
H  A  V  N  O  I  T  A  N  M  E  D  N  O  C
```

BELIAL	GRACE	REPENT
CHURCH	JUDGEMENT	SALVATION
COMFORT	MACEDONIA	SEAT
CONDEMNATION	MOSES	TITUS
CROWNS	NEW TESTAMENT	YOKED
EPISTLES	PAUL	
FORGIVENESS	PEACE	

Puzzle #50

CAKES

```
R  G  C  D  Q  Q  L  L  O  R  Y  L  L  E  J
E  F  I  A  M  L  P  E  G  U  H  I  C  A  W
D  B  M  U  R  C  B  O  G  D  W  T  D  X  M
V  W  Q  N  X  R  Y  M  U  G  F  A  E  V  N
E  T  A  L  O  C  O  H  C  N  S  L  C  T  X
L  M  T  W  C  M  Y  T  T  T  D  I  O  P  S
V  P  N  V  U  V  E  M  C  G  G  A  R  U  P
E  V  J  A  J  J  L  L  G  A  A  N  A  D  R
T  F  R  U  I  T  C  A  K  E  K  H  T  D  I
M  A  E  R  C  R  E  T  T  U  B  E  I  I  N
O  G  I  Q  M  Q  A  Q  X  Q  D  S  N  N  K
M  K  C  V  E  A  W  V  D  J  L  N  G  G  L
A  D  I  B  A  K  E  D  A  L  A  S  K  A  E
E  G  N  I  T  S  O  R  F  B  Z  S  X  U  S
E  U  G  N  I  R  E  M  C  M  O  U  S  S  E
```

BAKED ALASKA	EGGS	MERINGUE
BAVARIAN	FLOUR	MOUSSE
BUTTERCREAM	FROSTING	POUND
CARROT CAKE	FRUITCAKE	PUDDING
CHOCOLATE	ICING	RED VELVET
CREAM	ITALIAN	SPRINKLES
CRUMB	JELLYROLL	
DECORATING	LEMON	

Puzzle #51

PETER

```
B  I  J  K  I  N  H  E  R  I  T  A  N  C  E
T  A  P  R  I  E  S  T  H  O  O  D  T  Q  C
I  A  B  W  R  O  A  R  I  N  G  L  I  O  N
N  N  S  Y  J  N  D  T  S  A  F  D  E  T  S
C  N  I  P  L  H  O  L  Y  N  A  T  I  O  N
O  A  Q  A  I  O  R  I  C  L  I  X  R  L  H
R  N  P  O  G  R  N  F  T  G  E  O  A  X  C
R  V  R  P  F  A  I  T  H  A  I  V  L  W  J
U  I  E  E  A  O  N  T  N  P  R  R  Y  V  Q
P  G  D  R  B  D  G  R  U  O  V  E  D  Z  R
T  I  E  D  K  O  O  K  O  A  T  L  N  U  S
I  L  E  Q  U  P  S  N  T  B  L  C  S  E  P
B  A  M  S  R  V  X  W  C  H  O  S  E  N  G
L  N  E  S  A  L  V  A  T  I  O  N  B  L  Y
E  T  D  X  C  W  Y  A  I  T  A  L  A  G  E
```

ADORNING	GALATIA	REDEEMED
BABYLON	GENERATION	ROARING LION
BORN AGAIN	GIRD UP	SALVATION
CAPPADONCIA	HOLY NATION	SOBER
CHOSEN	INCORRUPTIBLE	SPIRITUAL
DEVOUR	INHERITANCE	STEDFAST
ELECT	LOINS	VIGILANT
FAITH	PRIESTHOOD	

Puzzle #52

POSITIVE WORDS

```
V  H  V  G  C  Y  L  N  E  V  A  E  H  O  E
W  B  O  H  H  A  N  D  S  O  M  E  Q  G  R
R  H  O  N  O  R  A  B  L  E  T  N  B  I  N
J  J  G  K  E  H  A  R  M  O  N  I  O  U  S
R  Y  Q  Y  O  S  D  T  G  C  I  D  Z  Q  H
G  K  T  S  B  C  T  O  L  R  O  D  H  S  J
L  J  V  R  U  C  G  A  O  U  I  M  E  E  K
A  L  P  F  A  I  R  N  W  G  W  N  A  A  W
M  V  X  G  G  E  N  U  I  N  E  L  L  H  L
O  Y  T  F  I  U  H  E  N  W  S  V  I  E  B
R  G  Z  C  V  Z  H  G  G  H  O  R  N  A  S
O  B  Z  X  I  L  U  F  E  C  A  R  G  L  N
U  Y  J  M  N  R  T  A  E  R  G  P  G  T  Q
S  U  O  E  G  R  O  G  P  Z  T  L  P  H  Z
E  E  H  D  E  R  O  N  O  H  C  E  F  Y  X
```

GENIUS	GREAT	HEARTY
GENUINE	GRIN	HEAVENLY
GIVING	GROWING	HONEST
GLAMOROUS	HANDSOME	HONORABLE
GLOWING	HAPPY	HONORED
GOOD	HARMONIOUS	HUG
GORGEOUS	HEALING	IDEAL
GRACEFUL	HEALTHY	

Puzzle #53

POSITIVE WORDS

```
P E Y E E E H J L Z I Z H J H
B V V P V R E O T J O S A J I
D I B I L I N V E N T I V E K
D S N L S E T I I M A G I N E
T E P T A S J A X T U T Y K N
T N N I E U E L V J I W S I B
T L E R N L T R T O V U K N A
J F P D A N L C P Y N S T D I
U Y I S N E O I E M J N F N H
B F F O H E L V G L I B I P I
I W X H Z O P U A E L A U G H
L S K H A Z P E B T N E E K F
A K N O W I N G D M E T T G S
N O S U O E N A T N A T S N I
T W I C R Q I N S T I N C T I
```

IMAGINE	INTELLECTUAL	KIND
IMPRESSIVE	INTELLIGENT	KNOWING
INDEPENDENT	INTUITIVE	LAUGH
INNOVATE	INVENTIVE	LEARNED
INNOVATIVE	JOVIAL	
INSTANT	JOY	
INSTANTANEOUS	JUBILANT	
INSTINCT	KEEN	

Puzzle #54

BAKING

```
F  X  P  N  D  O  S  X  L  M  O  Y  F  O  Y
T  O  C  V  S  X  K  W  C  Q  E  I  R  G  E
B  N  R  U  F  W  D  Z  X  Y  A  K  B  M  P
E  S  A  V  P  A  N  B  D  L  H  J  W  F  D
D  I  C  S  I  C  O  M  T  E  P  D  H  M  T
C  A  K  E  S  K  A  L  L  V  V  D  U  X  T
R  D  E  O  I  I  P  K  T  D  S  V  O  G  M
D  P  R  R  O  S  O  D  E  L  G  I  A  V  W
O  G  T  H  B  C  T  R  P  S  A  U  R  H  O
U  B  X  Y  A  G  X  I  C  B  G  M  B  X  A
G  K  C  M  D  X  U  M  U  F  F  I  N  J  V
H  Y  X  D  A  E  R  B  H  C  N  E  R  F  U
N  X  P  V  L  Q  N  X  T  Y  S  M  I  A  F
U  X  P  T  S  F  K  N  A  L  E  I  W  P  I
T  P  H  F  G  U  E  I  K  J  B  C  B  O  H
```

BISCUITS	CROISSANT	MUFFIN
BREAD	CUP CAKES	PIE
CAKE	DOUGHNUT	
COOKIE	FRENCH BREAD	
CRACKER	MALT LOAF	

Puzzle #55

JOHN1

```
Z  E  S  S  E  E  S  D  L  R  O  W  E  H  T
T  X  T  U  T  T  C  N  O  R  E  T  A  W  S
K  S  Q  A  I  N  E  N  O  G  H  B  X  Y  P
S  K  I  A  C  R  E  R  A  I  F  G  V  X  I
I  X  C  R  H  O  T  M  N  R  T  O  A  H  R
N  M  Q  G  H  T  V  E  D  A  U  I  N  F  I
N  C  B  B  B  C  S  D  M  N  L  S  T  O  T
E  O  W  L  O  E  I  O  A  E  A  L  S  E  S
T  N  F  S  O  R  L  T  H  Z  D  M  I  A  P
H  D  L  A  T  O  N  I  N  G  D  S  M  F  G
N  E  A  O  T  D  D  O  E  A  Y  N  U  O  E
O  M  E  P  W  H  E  Y  F  V  G  L  X  J  C
T  N  U  G  T  R  E  Y  Q  G  E  Z  O  Y  U
S  L  O  D  I  R  H  R  R  Q  O  T  S  H  B
N  O  V  E  R  C  O  M  E  T  H  D  H  T  I
```

ADVOCATE	CONDEMN	SINNETH NOT
ANTICHRIST	DEMETRIUS	SON OF GOD
ASSURANCE	ETERNAL LIFE	SPIRIT
ATONING	FATHER	THE WORLD
BELIEVETH	HOLY GHOST	WATER
BLOOD	IDOLS	
BORN OF GOD	OVERCOMETH	
COMMANDMENTS	PETITIONS	

Puzzle #56

MARK

```
S  Y  S  E  H  P  O  R  P  D  O  G  Y  G  R
X  E  H  O  D  E  K  U  B  E  R  M  A  W  M
U  O  C  E  W  U  G  R  T  L  A  S  I  P  X
W  K  B  R  L  E  T  R  E  P  E  L  X  T  S
D  S  A  W  O  A  R  I  J  P  N  A  U  I  X
E  N  R  D  Y  V  H  Y  T  I  E  Y  V  J  D
A  U  T  H  O  R  I  T  Y  L  D  N  T  E  V
F  I  I  I  B  L  J  D  A  F  U  V  T  R  N
Z  H  M  P  D  E  L  A  E  H  F  M  G  U  Y
H  J  A  I  R  U  S  J  M  L  P  E  B  S  R
D  D  E  A  F  M  A  N  I  E  N  H  E  A  M
S  D  U  M  B  H  V  B  D  V  S  I  P  L  Y
N  V  S  S  Y  M  A  R  R  I  A  G  E  E  K
B  X  Z  R  E  P  E  N  T  A  N  C  E  M  J
J  H  A  S  E  Z  W  M  O  D  G  N  I  K  S
```

AUTHORITY	JAIRUS	MULTITUDE
BARTIMAEUS	JAMES	PROPHESY
DEAF	JERUSALEM	REBUKED
DEAF MAN	KINGDOM	REPENT
DIVORCE	LEAVEN	REPENTANCE
DUMB	LEPER	SALT
EPHPHATHA	LEVI	SOWER
HEALED	MARRIAGE	

Puzzle #57

VALENTINE'S DAY

```
S H A T E G I R L F R I E N D
A E C S R V E C Y L R J Z Y P
U D E V O T I O N A M D K U N
K L G R O Z O L L A D H O N E
Y T W W I D O N F N I I T X H
Z E E A L S J F E O I F L A M
E M X T D S E E Y M N L P O N
M B E I A Q R D L R T D L E H
V R T O R D U E O C A E N A A
F A N B L H C C W T X U G E F
Z C U P I D K O I O J C R R S
T E R T N D E R U V L N I B O
S E L U G T R A E H T F I G E
F B Y P S U D T R E I E F E M
F V E S G H H E A R T T H R O
```

CRUSH	DOVES	FONDNESS
CUPID	EMBRACE	FORGETMENOTS
DARLING	FALL IN LOVE	GIFT
DATE	FEBRUARY	GIRLFRIEND
DEAR	FIANCéE	HEART
DECORATE	FLAME	HEARTTHROB
DESIRE	FLIRT	HOLIDAY
DEVOTION	FLOWERS	HONEY

Puzzle #58

OFFICE

```
C  C  C  H  F  L  A  I  C  R  E  M  M  O  C
E  N  W  W  N  D  Y  K  X  M  U  X  L  V  W
B  A  C  C  O  U  N  T  S  F  T  O  T  R  O
E  C  E  H  E  R  T  O  I  L  F  Y  R  W  R
I  C  G  N  Z  E  R  N  B  D  I  T  A  E  K
N  O  N  N  T  E  T  O  E  O  O  N  D  M  E
C  U  S  A  I  R  Q  A  B  M  N  M  E  P  R
O  N  J  L  N  P  E  U  M  L  Y  U  M  L  N
M  T  Y  N  A  I  E  P  I  I  D  A  S  O  F
E  I  R  M  F  U  F  E  R  P  T  P  P  Y  C
T  N  S  A  L  A  R  Y  K  E  M  S  T  M  T
A  G  H  X  V  K  Z  C  O  K  N  E  E  E  Q
X  E  C  R  E  M  M  O  C  J  O  E  N  N  X
E  V  I  T  U  C  E  X  E  A  W  O  U  T  Y
R  N  O  I  S  S  I  M  M  O  C  X  B  R  B
```

ACCOUNTING	COMMERCIAL	FINANCE
ACCOUNTS	COMMISSION	INCOME TAX
ACCRUALS	COMMODITY	PAYMENT
BOND	EMPLOYMENT	SALARY
BONUS	ENTREPRENEUR	TRADE
BOOKKEEPING	EQUIPMENT	WORKER
BORROW	ESTIMATE	
COMMERCE	EXECUTIVE	

Puzzle #59

POSITIVE WORDS

```
A K S Y M M U Y E M O C L E W
M F L U F R E D N O W G I O H
P G K E O V W O R T H Y V L O
N I N S P I R A T I O N A L L
P J J F P B C H Z V X Q L K E
G W V M W R V A U A O K U P S
Y Y E I Y A I S V T J Y E H O
V H M L C N C C U I T A D D M
V I T A L T T Q G O V T M Y E
E Y R L E L O H W N R Z E A L
T Y Q T A T R R O A I O L U U
D O S Y U E Y F I L D L G S R
W I M F X O W G L O K B L I M
W O N D R O U S D V U Y X I V
U W W Q N U Y S G A P S K A W
```

INSPIRATIONAL	VITAL	WONDERFUL
MOTIVATIONAL	VIVACIOUS	WONDROUS
VALUED	WEALTHY	WORTHY
VIBRANT	WELCOME	WOW
VICTORIOUS	WELL	YUMMY
VICTORY	WHOLE	ZEAL
VIGOROUS	WHOLESOME	
VIRTUOUS	WILLING	

Puzzle #60

MERMAIDS

```
Q  F  P  G  H  L  D  X  S  I  J  D  X  G  Y
R  R  K  S  I  M  I  Q  A  O  W  J  F  R  H
W  S  R  S  D  T  E  K  N  W  N  F  C  O  S
I  N  I  O  L  U  E  S  D  I  G  V  O  V  I
S  J  I  C  D  R  G  S  Z  Q  H  W  R  R  S
L  E  S  D  K  T  O  U  R  H  S  P  A  A  L
T  L  A  E  E  L  Z  Z  U  O  G  S  L  R  A
H  L  U  S  A  E  D  V  D  E  H  T  U  O  N
G  Y  C  G  R  S  W  P  J  B  N  A  C  C  D
F  F  N  H  A  O  H  A  W  T  P  R  E  K  R
H  I  I  A  S  E  L  E  E  M  A  F  V  S  I
S  S  H  S  E  A  S  I  L  S  H  I  D  H  A
P  H  S  A  H  C  L  H  A  L  H  S  L  O  A
X  F  I  O  C  T  O  P  U  S  S  H  Q  Z  Y
W  S  M  P  W  A  V  E  S  T  O  R  M  B  M
```

CORAL	SAILORS	SPLASH
DOLPHIN	SAND	STAR FISH
FISH	SEA	STORM
ISLAND	SEAGULL	TAIL
JELLY FISH	SEAHORSE	TURTLE
OCEAN	SEASHELLS	WAVES
OCTOPUS	SEAWEED	
ROCKS	SHIP	

Puzzle #61

BOARD GAMES

```
W  X  X  Z  R  E  T  S  I  W  T  B  Z  Y  V
P  H  M  T  B  A  C  K  G  A  M  M  O  N  I
Z  S  C  R  A  B  B  L  E  E  T  A  J  J  N
R  U  O  F  T  C  E  N  N  O  C  S  U  W  K
Y  P  H  Q  T  Y  R  A  N  O  I  T  C  I  P
X  D  N  A  L  Y  D  N  A  C  Y  E  P  U  X
B  O  R  J  E  N  G  A  D  H  D  R  K  D  B
M  M  D  F  S  E  C  L  U  E  W  M  V  A  U
V  I  G  K  H  S  F  G  Y  C  D  I  W  U  Z
Q  N  G  L  I  F  E  S  Y  K  K  N  I  U  T
A  O  T  P  P  A  X  H  O  E  S  D  F  E  A
R  S  J  A  M  Y  I  E  C  R  W  I  F  G  B
K  G  O  G  E  T  A  R  T  S  R  T  R  N  W
O  X  W  E  L  B  U  O  R  T  L  Y  V  B  U
G  C  C  J  M  O  N  O  P  O  L  Y  G  V  L
```

BACKGAMMON	DOMINOS	SCRABBLE
BATTLESHIP	JENGA	SORRY
CANDYLAND	LIFE	STRATEGO
CHECKERS	MASTERMIND	TROUBLE
CHESS	MONOPOLY	TWISTER
CLUE	PICTIONARY	
CONNECT FOUR	RISK	

Puzzle #62

CAT

```
L  C  F  M  S  U  F  R  D  Z  B  L  T  T  J
E  E  E  P  A  N  T  H  E  R  D  G  C  J  Q
H  D  O  A  Q  M  U  F  W  R  B  Y  S  J  R
T  T  W  P  L  F  M  T  E  T  S  L  O  H  Q
A  S  A  J  A  G  U  A  R  L  L  E  Y  D  P
O  N  T  C  C  R  L  R  L  Y  I  E  X  A  X
O  A  Q  A  C  W  D  K  R  R  O  D  X  K  K
X  Z  H  X  C  I  E  K  K  Y  N  J  Z  H  O
E  G  J  A  X  D  T  N  U  M  E  O  W  D  X
P  U  N  Y  T  B  L  S  I  E  T  N  G  T  P
O  T  F  O  S  E  U  I  E  L  S  H  B  U  Y
Q  S  I  L  I  G  E  R  W  M  E  O  S  N  K
G  Y  W  G  M  L  M  H  E  U  O  F  G  J  Y
P  W  O  S  O  P  O  A  C  N  X  D  G  C  B
N  O  T  R  E  N  L  Q  T  I  G  R  E  S  S
```

CHEETAH	LEOPARD	PANTHER
DOMESTIC CAT	LIGER	SOFT
FELID	LION	TIGON
FELINE	LIONET	TIGRESS
FURRY	MAMMAL	WILDCATS
JAGUAR	MEOW	

Puzzle #63

DELICIOUS

```
Y  H  S  U  L  M  Q  O  D  V  Z  J  B  H  D
P  L  U  F  T  H  G  I  L  E  D  K  M  N  I
C  H  E  E  S  E  E  N  K  Q  L  J  T  L  S
G  R  Y  N  Y  L  L  L  I  F  I  I  A  O  T
E  A  A  L  I  M  L  B  B  C  E  B  S  Q  I
N  K  G  C  N  V  M  G  A  A  I  P  T  H  N
C  U  D  R  T  E  I  U  N  T  Y  T  Y  T  C
H  O  C  E  A  E  V  D  Y  I  C  O  N  I  T
A  H  P  H  S  T  Q  A  G  A  L  E  J  E  I
N  M  R  T  O  S  I  G  E  Q  R  R  L  N  V
T  C  O  O  J  I  E  F  W  H  Q  R  A  E  E
I  L  S  R  U  P  C  R  Y  T  N  I  A  D  D
N  R  V  C  A  P  P  E  T  I  Z  I  N  G  N
G  J  D  O  V  E  G  D  S  S  N  M  D  Z  M
W  M  A  P  P  E  A  L  I  N  G  G  W  N  D
```

APPEALING

APPETIZING

AROMA

ARRAY

CHEESE

CHOICES

DAINTY

DARLING

DELECTABLE

DELIGHTFUL

DELISH

DESSERTS

DISTINCTIVE

DIVINE

ENCHANTING

ENJOYABLE

ENTICING

GRATIFYING

HEAVENLY

LUSH

TASTY

YUMMY

Puzzle #64

JESUS RISEN

```
E K A U Q H T R A E M E T M K
Y T I N I R T S P A G V H P H
E Z C E N T U R I O N R R U Z
T E S P U N G E M R M G E A G
E S L B A R I M A T H A E A U
H N O I S H E K R I V C D L T
X T E H L T T H Y A V B A D U
Y C O L G A N O T N G F Y Q H
U W N L A Y G E G A K E S H B
L H F Y C D L R M L F V N U L
L N P S O N G O A R O D J I X
L M P E E Y E A H V A G U T V
L I T K S O N N M H E G A T V
D E N E P O D O I H A S U B T
D X B I A I J J Y L A K T Z G
```

ANGEL	GOLGOTHA	SON
ARIMATHAEA	GRAVES	SPUNGE
CENTURION	HOLY GHOST	THREE DAYS
CHRIST	JOSEPH	TRINITY
EARTHQUAKE	LINEN CLOTH	VINEGAR
FATHER	MAGDALENE	
GALILEE	MARY	
GARMENTS	OPENED	

WATER

```
Q  H  T  U  O  M  M  A  N  G  R  O  V  E  Z
W  K  S  W  C  I  C  E  C  L  I  F  F  I  A
G  Z  S  R  E  T  A  W  D  A  E  H  V  C  K
S  D  B  O  A  J  P  R  H  C  L  U  G  E  X
G  D  N  L  G  M  G  M  I  I  D  U  E  F  T
W  H  O  A  U  G  E  Y  S  E  R  P  N  I  V
Y  T  C  G  L  A  C  I  E  R  C  A  V  E  D
D  U  A  O  F  D  N  E  I  B  O  I  M  L  Q
P  N  N  O  L  C  A  M  H  E  Y  B  Q  D  U
T  M  A  N  M  G  R  E  B  E  C  I  R  B  R
L  W  A  L  G  P  R  A  H  E  K  O  X  A  H
W  R  L  W  S  L  Z  N  W  G  A  A  M  A  H
F  T  E  L  S  I  X  D  N  O  P  L  L  I  M
B  Q  N  X  I  N  L  E  T  W  J  K  U  A  Y
C  I  L  O  N  A  S  R  W  H  V  B  D  B  P
```

GEYSER	ICE CLIFF	LOCH
GLACIER	ICE FIELD	MANGROVE
GLACIER CAVE	ICEBERG	MARSH
GULCH	INLET	MEANDER
GULF	ISLAND	MILLPOND
HARBOR	ISLET	MOAT
HEADLAND	LAGOON	MOUTH
HEADWATERS	LAKE	SWAMP

US STATES

```
I  X  I  F  Y  K  E  N  T  U  C  K  Y  O  E
P  A  M  A  N  A  I  S  I  U  O  L  G  Q  C
F  U  W  X  S  J  B  M  I  S  S  O  U  R  I
Y  N  A  O  D  A  R  O  L  O  C  U  N  J  U
G  C  W  D  I  F  S  U  I  D  N  L  Z  N  R
M  O  A  R  I  Z  O  N  A  D  H  I  Y  O  U
G  N  E  M  B  R  M  U  A  I  A  E  L  X  Z
I  N  X  R  A  U  O  I  I  K  G  H  U  L  E
N  E  R  B  A  B  Y  L  C  I  R  R  O  O  I
D  C  K  D  M  W  A  R  F  H  A  A  O  V  U
I  T  A  I  M  A  A  L  H  M  I  W  M  E  V
A  I  N  R  O  F  I  L  A  C  L  G  A  P  G
N  C  S  A  M  I  N  N  E  S  O  T  A  H  W
A  U  A  V  W  T  O  L  E  D  K  E  M  N  I
B  T  S  F  Z  P  M  A  R  Y  L  A  N  D  R
```

ALABAMA	FLORIDA	KENTUCKY
ALASKA	GEORGIA	LOUISIANA
ARIZONA	HAWAII	MAINE
ARKANSAS	IDAHO	MARYLAND
CALIFORNIA	ILLINOIS	MICHIGAN
COLORADO	INDIANA	MINNESOTA
CONNECTICUT	IOWA	MISSOURI
DELAWARE	KANSAS	

Puzzle #67

CHRISTMAS PREP

```
R  A  S  U  S  E  J  S  C  O  F  V  G  T  P
R  E  G  N  A  M  X  H  B  O  K  M  A  K  O
U  B  J  N  O  X  H  O  T  M  R  O  D  R  I
L  V  G  Q  U  I  E  W  U  R  N  V  G  H  N
K  J  M  H  M  T  T  S  R  I  E  I  L  M  S
I  H  C  R  U  H  C  A  N  D  L  E  S  X  E
L  T  I  N  S  E  L  N  R  F  O  S  B  C  T
Q  I  F  M  I  O  K  T  Z  O  C  I  O  V  T
P  B  T  A  C  N  L  A  P  Z  C  F  T  I  I
H  S  T  O  C  K  I  N  G  S  J  E  Q  R  A
Y  A  Q  K  S  I  G  A  R  L  A  N  D  J  P
E  L  S  C  B  H  H  Q  R  K  I  S  R  B  P
J  W  R  W  P  E  T  B  G  T  M  K  W  M  P
A  A  S  T  N  E  S  E  R  P  L  Q  T  C  X
E  E  L  B  A  T  S  L  L  A  B  W  O  N  S
```

CANDLES	MOVIES	STABLE
CHURCH	MUSIC	STOCKINGS
DECORATIONS	POINSETTIA	TINSEL
GARLAND	PRESENTS	TRAIN
JESUS	SANTA	TREE
LIGHTS	SHOWS	
MANGER	SNOWBALLS	

Puzzle #68

GALATIANS

```
F  R  U  I  T  S  I  R  H  C  S  U  S  E  J
S  H  Z  O  X  G  U  M  P  Z  V  W  M  I  R
P  V  T  N  A  N  E  V  N  O  C  J  M  G  A
I  W  T  I  R  N  V  N  L  M  T  M  J  O  S
R  F  J  J  A  U  X  O  T  U  N  Y  G  O  Z
I  H  S  E  L  F  R  G  W  L  A  X  R  D  Y
T  Y  M  W  V  O  N  G  M  Y  E  P  A  N  L
S  X  C  S  D  Q  V  E  L  S  G  N  C  E  H
R  S  E  C  N  A  R  E  P  M  E  T  E  S  G
E  I  E  I  R  H  I  Q  G  B  X  Z  M  S  O
J  V  F  N  Q  M  X  G  E  N  T  I  L  E  S
O  X  V  S  K  R  O  W  F  M  N  C  T  L  P
I  P  E  A  C  E  K  I  Z  J  S  Y  E  F  E
C  O  G  N  I  R  E  F  F  U  S  G  N  O  L
E  H  G  M  E  B  X  M  Q  F  L  F  O  O  O
```

CHRIST	GOODNESS	LOVE
CONVENANT	GOODNESS	MEEKNESS
FAITH	GOSPEL	PAUL
FAITH	GRACE	PEACE
FLESH	JESUS CHRIST	REJOICE
FRUIT	JEWS	SPIRIT
GENTILES	JOY	TEMPERANCE
GENTLENESS	LONGSUFFERING	WORKS

Puzzle #69

HOUSEHOLD APPLIANCE

```
R F D A R E L O O C R E T A W
R E Y R D S E H T O L C J V N
E L K L T J K M M F R U P A Z
F E N O R T A L F F O R B T I
R C D E O E S O S E B L E R W
I T T I R C S A L E E I X O A
D R J Q S E C H Z M R N L U F
G I G T B H Z K E A J G X S F
E C L O Z K W E F K U I E E L
R P Z A F Y E A E E M R S R E
A I F S V F L T S R P O F P I
T G Y T I K E D T H F N V R R
O K B E O S D R G L E H W E O
R Q Z R I C E M A K E R I S N
D I M I C R O W A V E H O S M
```

CLOTHES DRYER
COFFEE MAKER
COOKER
CURLING IRON
DISHWASHER
ELECTRIC PIG
FLATRON

FREEZER
GOFFER
ICE MAKER
KETTLE
MICROWAVE
OVEN
REFRIDGERATOR

SERGER
TOASTER
TROUSER PRESS
WAFFLE IRON
WATER COOLER

Puzzle #70

CHESS

```
G Q X C I V J F W X W Z D X E
O L D C M K J V N I U C L V W
G E P T Z K U B E Y Q G I E Z
C Z H O D A O P N X N U L H U
I H W C H R Y O A M H S E F O
W V E L T S A C R T Z U N E X
X I G C V A I O H E N G H P N
P A W N K C M B B A H Q X T R
U J G C I M M O F S M C J W Z
G P Z N A K A P V U S P S J I
J O K N I G H T E E N E I I M
Z Z G Y C N A H E I C Y H O F
C F Y C G J E C B A D E Z C N
F P J U P K L P C O B E I E M
C N C Q H A D O O D J O Z P O
```

BISHOP

CASTLE

CHAMPION

CHECK MATE

CHESSBOARD

FISCHER

KING

KNIGHT

MATCH

MOVE

OPENING

PAWN

PIECE

QUEEN

ROOK

Puzzle #71

FUNFAIRS

```
K  D  W  M  Z  N  O  I  S  S  E  C  O  R  P
Z  M  A  R  C  H  I  N  G  B  A  N  D  Z  E
S  E  M  A  G  N  N  V  O  H  Y  J  Q  K  R
I  T  S  P  G  E  L  X  P  O  B  D  N  U  F
M  C  F  U  N  F  A  I  R  T  C  C  H  C  O
C  O  E  Y  O  H  O  L  I  D  A  Y  C  J  R
I  H  R  C  N  H  N  L  A  O  B  P  Z  U  M
A  A  R  M  R  F  N  N  K  G  M  N  B  G  A
O  T  I  C  Z  E  M  U  O  M  G  F  A  G  N
F  E  S  T  I  V  A  L  F  I  S  L  H  L  C
F  E  W  E  G  N  T  M  O  Q  S  E  P  E  E
A  F  H  O  I  O  C  R  P  A  R  A  D  E  S
C  N  E  E  H  F  P  I  V  L  T  X  C  I  R
S  B  E  T  W  S  P  O  P  C  O  R  N  C  R
D  W  L  D  E  K  A  L  C  A  C  R  J  A  O
```

FERRIS WHEEL	HAT	PERFORMANCES
FESTIVAL	HOLIDAY	PICNIC
FETE	HOT DOG	POPCORN
FIESTA	ICE CREAM	PROCESSION
FUN HOUSE	JUGGLE	RIDES
FUNFAIR	MARCHING BAND	SHOW
GALA	OCCASION	
GAMES	PARADE	

Puzzle #72

LOVE

```
G  S  W  E  E  T  H  E  A  R  T  S  X  P  C
K  G  I  S  Q  M  K  L  T  Y  E  U  W  G  W
J  B  B  R  W  I  O  L  O  V  I  N  G  O  C
D  O  O  H  R  E  H  T  O  M  O  D  A  G  T
D  Y  T  O  V  Q  E  W  H  C  L  A  E  M  B
T  K  G  N  P  Z  B  T  T  E  E  Y  M  O  M
H  F  N  N  E  S  S  L  A  N  R  E  T  A  M
O  R  V  W  I  S  W  S  E  I  R  O  M  E  M
U  T  E  P  A  R  E  N  T  W  G  O  C  B  P
G  T  B  B  Z  R  P  R  N  J  Y  U  T  W  E
H  T  H  C  M  D  M  S  P  W  G  M  X  X  R
T  J  M  A  C  E  X  T  F  S  W  C  M  K  F
F  U  L  K  N  A  M  F  H  F  W  T  F  O  U
U  Q  P  V  F  K  C  E  R  B  O  Q  T  I  M
L  P  Z  P  S  E  S  O  R  U  Z  N  A  M  E
```

LOVING	MOTHERHOOD	SWEET
MAMA	OFFSPRING	SWEETHEART
MATERNAL	PARENT	THANKS
MEAL	PERFUME	THOUGHTFUL
MEMORIES	PRESENT	WARMTH
MOM	REMEMBER	
MOMMY	ROSES	
MOTHER	SUNDAY	

Puzzle #73

PICTURE

```
R  H  C  N  O  I  T  A  R  T  S  U  L  L  I
O  D  N  H  Y  D  E  N  Z  P  H  Q  K  Z  D
D  I  A  I  I  H  E  L  I  U  H  G  B  U  S
D  P  R  G  E  A  P  M  L  R  O  T  C  E  V
M  I  I  R  U  G  R  A  A  I  P  A  N  S  Q
O  C  M  A  M  E  A  O  R  R  A  E  H  V  R
N  T  P  P  T  H  R  L  S  G  G  S  U  N  D
T  I  R  H  E  I  O  R  L  C  O  O  I  L  J
A  O  E  I  F  C  K  L  E  O  U  N  H  R  B
G  N  S  C  M  B  N  I  O  O  C  R  O  C  G
E  P  S  S  Z  P  I  A  T  G  T  W  O  C  E
X  R  I  Y  F  I  F  T  C  N  R  Y  Q  I  I
A  M  O  S  A  I  C  R  M  S  E  A  P  D  H
B  X  N  G  N  I  T  N  I  A  P  D  P  E  A
A  K  G  T  I  A  R  T  R  O  P  Q  I  H  N
```

BITMAP	GRISAILLE	PAINTING
BLUE PRINT	HOLOGRAPH	PORTRAIT
CHIAROSCURO	ICONOGRAPHY	SCAN
COLLAGE	IDENTIKIT	SNAP
DAGUERREOTYPE	ILLUSTRATION	VECTOR
DIPICTION	IMPRESSION	
ECHOGRAM	MONTAGE	
GRAPHIC	MOSAIC	

Puzzle #74

JUDE

```
H  W  J  L  F  D  E  L  I  V  E  R  E  D  X
O  Z  R  U  E  H  S  L  C  C  C  Y  A  P  H
L  Q  J  M  D  A  C  D  G  O  U  K  I  L  T
Y  B  E  M  E  G  H  O  D  N  B  G  S  W  V
G  O  S  X  A  F  E  C  N  D  A  M  F  H  M
H  D  U  R  Q  A  I  M  I  E  I  H  Q  U  H
O  Y  S  U  D  N  L  L  E  M  P  T  C  N  B
S  O  C  S  Y  J  O  A  L  N  G  L  O  R  Y
T  F  H  L  E  L  R  I  B  A  T  A  Z  S  A
R  M  R  W  O  L  D  E  N  T  N  U  U  A  E
T  O  I  G  X  Z  T  O  W  I  U  R  M  I  G
H  S  S  A  V  U  P  L  G  O  M  A  E  N  R
F  E  T  F  A  C  U  H  U  N  P  O  E  T  J
G  S  R  E  K  C  O  M  S  A  U  V  D  S  E
S  E  M  A  J  E  S  T  Y  P  F  G  C  G  N
```

ARCHANGLE	ETERNAL LIFE	MICHAEL
BALAAM	FAULTLESS	MOCKERS
BODY OF MOSES	GLORY	POWER
CONDEMNATION	HOLY GHOST	SAINTS
DELIVERED	JESUS CHRIST	UNGODLY
DOMINION	JUDGEMENT	
ENOCH	MAJESTY	

PARABLES3

```
K  R  E  W  O  S  E  H  T  O  V  S  A  Z  K
A  I  R  T  L  I  U  B  R  N  P  A  T  E  V
R  T  O  C  Q  E  G  M  V  E  T  V  J  G  H
B  E  W  L  Z  X  H  U  C  G  F  U  D  A  G
Z  Z  D  W  D  V  H  S  E  Z  L  A  O  W  V
P  M  A  L  S  G  J  T  U  J  Z  Y  D  T  Q
O  S  K  C  O  R  A  A  O  B  G  S  T  C  C
U  L  Y  V  K  H  L  R  E  L  U  G  V  C  G
N  N  L  E  J  M  E  D  M  L  C  T  I  I  C
D  X  E  N  I  W  A  S  T  E  G  W  N  N  H
S  L  A  S  B  V  V  E  U  A  N  C  E  U  S
X  T  V  J  U  W  E  E  B  O  X  T  Y  N  G
F  G  E  W  L  O  N  D  E  D  H  A  A  D  R
D  B  S  N  G  N  H  Q  M  R  E  G  R  E  T
G  I  F  L  K  Y  I  H  X  J  T  E  D  R  U
```

BUILT	LEAVES	THE SOWER
BUSHEL	MUSTARD SEED	TREE
FIG	NEW CLOTH	UNDER
HOUSE	OLD GARMENT	VINEYARD
HOUSEHOLDER	POUNDS	WINE
LAMP	ROCK	
LEAVEN	TEN	

Puzzle #76

POSITIVE WORDS

```
Y G X T A G R E E A B L E A W
E U N G N O I T C A N Z A P K
N V Y I D E E X D J C Z P P P
E F Z S L E M R H S K T T R A
G L B A N A R E I R U N I O G
A N B P C D E U V M E U T V R
T O I A C C E P T E D M U E E
T X A Z R G O M P N I A D O E
R N W R A O B M I A E H E Z B
A O E P K M D V P A B V C Z E
C N S U Q F A A K L L O D A A
T M O D L A N G E L I C X A M
I B M D E F L E H W X S C B I
V D E Y P F F O E C O O H A N
E A F F I R M A T I V E W F G
```

ACCEPTED	ADVENTURE	APPROVE
ACCLAIMED	AFFIRMATIVE	APTITUDE
ACCOMPLISH	AFFLUENT	ATTRACTIVE
ACHIEVEMENT	AGREE	AWESOME
ACTION	AGREEABLE	BEAMING
ACTIVE	AMAZING	
ADMIRE	ANGELIC	
ADORABLE	APPEALING	

Puzzle #77

ANCIENT GREECE

```
D R D C D R K M L U Y B E O D
S N A I R O D Z U W L A L O A
U M S C E S R B O L X V M H R
J P T N S N C I L O E Z M J C
T D Y C A E I B C A T T Y P A
T U I L E I B T O G M P E U D
Z X W A O C N E N M S B F R I
C N I C L S W E H A Y P P O C
J I H L I E N N H T Z F W N M
N F N X C A C W A T F Y Y S V
B J C O R I N T H I A N B Q X
D D Z T I R Y N S C C G Y P L
H M U V O N N A E A N E C Y M
N W P H I L O S O P H E R S R
V Y M R A N A T R A P S H G G
```

AEOLIC	DIALECT	PHILOSOPHERS
ARCADIC	DORIANS	PYLOS
ATHENIANS	DORIC	SPARTAN ARMY
ATTIC	EOLIC	THEBES
BYZANTINE	GRECIAN	TIRYNS
CORINTHIAN	IONIC	
CRETE	MYCENAEAN	

BIRTHDAY

```
X P B H N C N T A H Y T R A P
G Q R I T A A E X B Q Q U A G
I G E M R R E N R G P Z I L U
N B W I D T I G D D F H C W E
V O I D Q C H B A L L O O N S
I L I R N K M D A N E I R V T
T O C T T F G A A B D S H S S
A L I N A H R A E Y N C O C A
T L H Z P R D I B R C W A G V
I I L Z N Y B A E E C A H R X
O P I V J D G E T N I E K O D
N O H X N D P P L E D D C E F
O P D A M S G A M E S S O I I
E G I F T W R A P R C B I O H
J J G D R A C G N I T E E R G
```

AGE
BALLOONS
BIRTH
BIRTH DATE
BIRTHDAY CAKE
CANDLES
CARD
CELEBRATION

CHILDREN
FRIENDS
GAMES
GIFT WRAP
GOODIE BAG
GREETING CARD
GUESTS
HAT

ICE CREAM
INVITATION
LOLLIPOP
PARTY HAT

Puzzle #79

KITCHEN UTENSILS

```
U  H  H  V  L  N  T  H  Y  R  H  F  M  J  V
N  J  J  E  Z  Z  I  O  T  K  E  T  T  L  E
M  X  G  R  I  L  L  P  A  N  Y  C  Q  N  A
J  X  T  M  E  F  W  M  G  S  D  T  I  U  G
B  R  J  O  G  D  R  O  S  N  T  M  W  U  E
P  A  N  L  P  B  N  Y  B  T  I  E  N  C  J
P  E  K  D  M  E  A  A  I  G  E  L  R  V  O
Y  G  G  I  K  E  E  S  L  N  N  A  L  G  Q
D  G  R  G  N  X  F  F  T  O  G  I  M  O  M
M  U  I  B  T  G  W  I  F  E  C  P  X  E  R
Q  V  N  I  L  I  S  N  N  O  R  P  A  I  R
T  B  D  Z  J  S  M  H  H  K  C  Y  I  N  M
T  J  E  C  O  F  F  E  E  M  A  K  E  R  X
O  V  R  D  V  F  G  L  R  E  S  I  V  L  G
K  C  H  S  U  R  B  G  N  I  T  S  A  B  S
```

APRON	EGG TIMER	MIXING BOWL
BAKING SHEET	FRYING PAN	MOLD
BASTER	GRILL PAN	PAN
BASTING BRUSH	GRINDER	ROLLING PIN
COFFEE MAKER	JUICER	STEAMER
COFFEE POT	KETTLE	TOASTER
COLANDER	KNIFE	

Puzzle #80

FOOD

```
B L A P P E T I T E O B Z C Q
S A S P A R A G U S E T R D F
X M C G P V B B G I N W B S J
B L L O O L T A A A A E A O
B A B B N D E O N K B J E A B
R E M E A T A E C A E Z F B I
J E A B R R G C H I N N S E S
J U Z N O R L C O Y R A V L C
N R B I C O Y E V V V P P L U
F N A A T U S K Y Z A T A P I
O I K K T E R H L I S A B E T
X D S J A T P D O E G P E P L
T V Q K O S E P Z O G K E P U
E K O H C I T R A M T A T E P
K A P E U C E B R A B S B R W
```

ANCHOVY	BACON	BATTER
APPETITE	BAGEL	BEANCURD
APPETIZER	BAKE	BEANS
APPLE	BAMBOO SHOOTS	BEEF
APRICOT	BANANA	BEET
ARTICHOKE	BARBECUE	BELL PEPPER
ASPARAGUS	BARLEY	BERRY
AVOCADO	BASIL	BISCUIT

Puzzle #81

JAMES

```
C D S L T H E C O M I N G R J
S P E T F O O T S T O O L W R
W R Y T I H T S E B I R T I B
Y O E T F U S U D S F L S Z
H T R R F A R I A G R L V D F
Z T R K E A R F A I N O Q O I
S P H E S T B G T F L W W M K
L H A E B B L R N S E E K E R
K K W T L I R U O E R R D E G
U T I S I O L E D A Y I K K R
O K D N T E R N T A D N F N A
L N O S J R N D X H Z D T E S
T S W M Y F A T H E R L E S S
R E S C A T T E R E D E G S D
P U R I F Y Q H H W V P N W A
```

ABROAD	FLOWER	SCATTERED
ADULTERERS	FOOTSTOOL	THE COMING
BRETHREN	GRASS	THE LORD
ELIAS	HEARTS	TRIBES
ENGRAFTED	LIBERTY	WIDOWS
FAITH	MEEKNESS	WISDOM
FATHERLESS	PATIENT	WORD
FIRSTFRUITS	PURIFY	WORKS

Puzzle #82

POSITIVE WORDS

```
G  N  I  T  R  O  P  P  U  S  L  Y  B  Q  T
H  U  P  B  E  A  T  H  R  I  V  I  N  G  R
T  B  T  S  G  N  I  R  E  V  A  W  N  U  A
N  Z  S  R  U  I  L  U  P  R  I  G  H  T  N
B  F  A  S  U  C  C  A  D  V  L  I  J  P  S
K  R  R  T  E  S  C  T  E  U  H  T  Z  V  F
H  I  E  U  Q  C  T  E  R  R  I  F  I  C  O
V  M  R  P  D  L  C  I  S  A  N  H  D  Z  R
O  L  J  E  U  W  U  U  N  S  N  U  N  R  M
O  S  X  N  H  S  R  F  S  G  F  Q  L  E  I
H  J  P  D  K  Z  U  D  H  P  X  U  U  O  N
H  G  U  O  R  O  H  T  X  T  O  H  L  I  G
O  E  D  U  T  I  T  A  R  G  U  T  B  D  L
G  N  I  S  I  R  P  R  U  S  W  R  Q  O  P
U  T  G  N  I  L  L  I  R  H  T  N  T  G  A
```

GRATITUDE
STUPENDOUS
SUCCESS
SUCCESSFUL
SUPER
SUPERB
SUPPORTING
SURPRISING

TERRIFIC
THOROUGH
THRILLING
THRIVING
TOPS
TRANQUIL
TRANSFORMING
TRUSTING

TRUTHFUL
UNREAL
UNWAVERING
UPBEAT
UPRIGHT

Puzzle #83

CHRISTMAS WORDS

```
N  K  Y  L  E  S  N  I  T  X  O  F  Y  R  I
M  Q  F  O  I  L  E  D  I  T  E  L  U  Y  I
N  R  H  F  J  X  O  N  A  M  W  O  N  S  G
B  J  P  J  A  R  Y  P  D  S  U  N  B  N  M
Z  D  Y  K  C  M  L  E  H  N  J  O  U  O  U
I  U  D  K  K  A  I  E  N  T  A  E  W  W  V
B  N  G  V  F  N  Y  L  E  M  R  L  Y  F  X
H  S  C  L  R  G  P  V  Y  Z  I  O  R  L  A
E  P  Y  T  O  E  O  E  F  F  L  H  N  A  N
L  G  L  O  S  R  R  S  L  O  R  A  C  K  G
U  V  O  O  T  E  S  L  L  E  B  O  W  E  E
A  G  Z  O  D  S  S  D  R  A  C  N  S  V  L
B  Z  L  G  R  U  T  P  D  C  O  W  W  T  S
L  Y  O  L  Q  C  R  N  A  T  I  V  I  T  Y
C  T  I  R  I  P  S  E  A  S  O  N  N  N  D  R
```

ANGELS	GARLAND	SCROOGE
BELLS	JACK FROST	SEASON
CARDS	JOY	SNOWFLAKE
CAROLS	MANGER	SNOWMAN
CHIMNEY	NATIVITY	SPIRIT
ELVES	NOEL	TINSEL
FAMILY	NORTH POLE	TOYS
FROSTY	RUDOLPH	YULETIDE

MOTHERS DAY

```
N O I T A I C E R P P A K U X
A C R C E L E B R A T I O N J
R G E E H U I C H E R I S H C
V C U L T I Q Q V T X N C G O
E B A H E H L U T D R A C D O
H T R D U B G D O K I I F N K
A D A N O A R U R B I N B D I
N G R I O R F A A E N C A R E
C B M R C I E F T D N S N Z S
K V A J A E T Z E E K A C H R
N O V Q N I R P U C N C E I A
L O G A D F Y P O K T H S I P
D A I S Y D T Y P D F I T D C
C H O C O L A T E A A L O V D
Z N O I T A N R A C Y D R N J
```

ADOPTION
ADORE
AFFECTION
ANCESTOR
APPRECIATE
APPRECIATION
BIRTH
BOUQUET

CAKE
CANDY
CARD
CARE
CARNATION
CELEBRATE
CELEBRATION
CHERISH

CHILD
CHILDREN
CHOCOLATE
COOKIES
DAISY
DAUGHTER

Puzzle #85

GAMING

```
E  L  B  U  O  D  Y  L  I  A  D  X  N  X  Z
P  M  E  G  C  G  T  K  B  T  O  V  M  N  A
W  J  A  U  R  W  N  B  E  Z  Q  F  R  N  S
G  O  F  G  T  E  T  I  F  C  G  Y  X  P  P
T  N  L  A  G  U  G  B  W  R  N  B  V  I  O
S  B  I  P  N  N  M  A  S  A  Y  A  L  P  R
U  A  P  L  E  T  I  I  W  P  R  N  H  U  T
P  F  L  P  B  T  A  K  R  S  S  D  K  C  I
E  E  A  S  A  M  T  N  N  A  S  Y  B  T  N
R  A  C  V  W  R  A  E  W  A  P  O  Q  O  G
F  Y  E  C  I  V  L  G  L  O  B  E  T  S  L
E  Q  B  N  G  R  B  A  T  U  R  Q  A  S  I
C  E  E  Z  V  U  Q  M  Y  T  O  H  D  U  F
T  I  T  L  O  T  T  E  R  Y  X  R  T  P  E
A  R  E  C  R  E  A  T  I  O  N  Y  D  Q  N
```

BANKING GAME	GAMBLING	ROULETTE
BET	GAME	SPORTING LIFE
CHANCE	LOTTERY	SUPERFECTA
CRAPS	PARIMUTUEL	THROW
DAILY DOUBLE	PARLAY	TOSS
DRAWING	PLACE BET	VICE
FAN TAN	PLAY	WAGER
FLIP	RECREATION	

Puzzle #86

HOLIDAY RECIPES

```
P  E  S  Y  E  K  R  U  T  G  G  I  E  J  P
L  B  M  A  H  D  E  K  A  B  O  J  O  F  J
U  B  J  Z  L  T  Z  O  P  R  O  N  O  U  I
M  I  P  P  O  M  S  Z  P  I  S  P  G  B  Q
P  Z  C  K  H  A  O  I  L  S  E  N  M  G  V
U  B  N  F  C  X  I  N  E  K  E  U  Z  A  E
D  R  A  T  S  U  C  S  P  E  A  K  U  Z  L
D  W  M  J  Y  K  D  H  I  T  T  U  T  K  M
I  T  N  Y  J  L  P  D  E  O  Y  K  H  A  Z
N  C  H  E  R  R  Y  P  I  E  R  K  R  T  L
G  M  I  C  K  I  R  A  G  U  S  B  E  B  A
B  W  G  B  E  C  S  A  C  O  L  E  M  V  Z
G  F  Q  Q  J  E  I  R  A  K  N  K  O  A  Z
O  V  T  D  O  X  S  H  M  J  Q  W  G  L  O
E  K  A  C  T  U  N  O  C  O  C  V  U  F  E
```

AMBROISIA	COCONUT CAKE	SALMON
APPLE PIE	CUSTARD	SUGAR
BAKED HAM	DUCK	TURKEY
BRISKET	EGGNOG	
CHEESE	GOOSE	
CHERRY PIE	LATKES	
CHICKEN	PLUM PUDDING	

CHOCOLATE

```
E  D  R  J  Y  P  A  I  G  L  A  T  S  O  N
E  N  T  H  U  S  I  A  S  T  I  C  S  P  W
N  X  D  E  L  I  C  I  O  U  S  S  O  Z  J
D  R  D  E  L  E  C  T  A  B  L  E  G  Q  E
O  E  N  H  V  K  K  C  A  N  S  A  U  C  E
R  Y  C  A  C  I  L  E  D  F  S  W  M  K  U
P  Y  N  A  U  Y  T  E  E  W  S  C  I  P  K
H  Z  O  J  D  I  U  C  F  U  A  J  O  S  F
I  R  U  J  W  E  N  T  I  C  I  N  G  O  S
N  K  G  S  N  M  N  T  V  D  S  Y  R  U  P
H  I  A  C  K  E  A  T  Y  T  D  O  I  O  D
U  I  T  I  N  C  O  M  P  A  R  A  B  L  E
M  Y  W  W  G  I  N  D  U  L  G  E  N  C  E
S  E  A  S  O  N  A  L  C  W  L  F  N  M  J
W  O  L  L  A  M  H  S  R  A  M  T  X  B  I
```

ADDICTIVE	ENJOY	NOUGAT
DECADENT	ENJOY	SAUCE
DELECTABLE	ENTHUSIASTIC	SCOOP
DELICACY	ENTICING	SEASONAL
DELICIOUS	INCOMPARABLE	SNACK
EAT	INDULGENCE	SWEET
ENDORPHIN	MARSHMALLOW	SWISS
ENDORPHIN	NOSTALGIA	SYRUP

Puzzle #88

NAUTICAL

```
H  W  E  T  S  A  M  E  R  O  F  V  R  P  M
O  Q  P  F  W  K  G  O  N  D  O  L  A  A  A
V  K  X  F  W  E  R  O  H  S  F  F  O  S  R
E  I  P  B  E  S  M  U  J  T  J  Z  C  S  I
R  E  S  I  U  R  C  N  I  B  A  C  Q  E  T
C  A  N  C  H  O  R  A  I  B  T  F  M  N  I
R  D  X  W  J  S  Y  Y  C  R  O  G  L  G  M
A  H  U  B  J  O  E  R  E  G  R  A  B  E  E
F  R  E  K  N  A  T  L  I  O  C  W  T  R  D
T  R  E  N  I  R  A  M  T  D  N  D  S  S  U
U  A  G  G  G  Y  K  N  O  T  E  A  H  P  I
K  P  A  U  S  E  Z  I  S  P  A  C  C  N  P
V  T  H  E  L  M  S  M  A  N  O  B  K  F  L
D  Z  K  A  Y  W  D  E  C  K  H  A  N  D  S
F  I  S  H  I  N  G  B  O  A  T  M  K  U  G
```

ANCHOR	DECK	HOVERCRAFT
BARGE	DECKHANDS	KNOT
BATTLESHIP	FATHOM	MARINER
BOATS	FERRY	MARITIME
BUOY	FISHING BOAT	OFFSHORE
CABIN CRUISER	FOREMAST	OIL TANKER
CANOE	GONDOLA	PASSENGER
CAPSIZE	HELMSMAN	

Puzzle #89

FOOD

```
E  F  S  C  S  T  N  A  R  R  U  C  O  G  X
L  R  U  E  R  E  C  F  R  D  Y  J  W  N  M
D  E  F  S  N  A  I  U  E  I  E  R  O  P  G
E  E  D  C  R  I  N  R  S  E  C  U  R  R  H
R  Z  I  Z  U  E  S  B  F  T  R  C  X  U  S
B  E  L  C  D  C  K  I  E  H  A  T  N  Y  C
E  R  L  H  U  R  U  C  U  R  C  R  N  L  U
R  I  D  T  E  P  A  M  A  C  R  N  D  E  N
R  E  I  U  N  L  C  O  B  R  W  Y  E  W  A
Y  I  N  T  D  A  W  A  B  E  C  V  X  R  E
T  S  E  G  I  D  L  M  K  P  R  R  Z  X  F
A  W  D  U  V  B  E  P  A  E  U  Z  A  G  J
F  C  X  R  E  R  A  I  G  E  N  C  U  B  G
C  M  F  E  U  X  E  Z  R  G  R  X  G  P  E
F  O  O  D  R  C  S  V  D  F  E  C  X  L  B
```

CRAB	CUPCAKE	EGGPLANT
CRACKERS	CURDS	ELDERBERRY
CRANBERRY	CURRANTS	ENDIVE
CREAM	CURRY	ENTREE
CREPE	CUSTARD	FOOD
CUCUMBER	DIET	FREEZER
CUISINE	DIGEST	FRENCH FRIES
CUPBOARD	DILLDINE	FRIED

PASSAGES3

```
K V A P O F O T D F M M S P E
V U R Z O J T D R E H P E H S
J O S H A N O J W I S E M E N
S H Y U X H E H U J M I D H R
T N I L S H Y M N A K S A O T
R K K X G E N E A L O G Y R M
A U J V A X J T X E E U J S P
N E D S N O I L H T R I B Y H
G X C W B N Z Y A X B D N N Q
E I R A R L L C R T Q H N A N
W X X E N T E O Q X A K Y T D
S C Z M Y R I S A I A H Q F X
G T H Z O A U T S I T P A B Y
J Y Z F D Z R F I E R Y G W Z
B B Q M K X C P C F D D M W S
```

BAPTIST GENEALOGY PRAISE
BIRTH HYMN PRAYER
BLESSED ISAIAH SHEPHERD
DANIEL JESUS STRANGE
DREAM JOHN WISE MEN
FIERY JONAH
FURNACE LIONS DEN

Puzzle #91

CORINTHIANS

```
N  A  P  R  E  S  U  R  R  E  C  T  I  O  N
M  O  D  S  I  W  G  Q  A  V  I  R  G  I  N
T  U  A  C  B  S  S  O  C  I  C  P  N  P  A
G  O  D  I  S  P  E  N  S  A  T  I  O  N  A
E  B  N  Y  M  O  I  L  P  P  R  A  K  Q  X
O  J  A  G  R  T  R  H  I  A  E  N  L  J  O
F  U  G  T  U  E  C  E  S  T  U  L  A  A  U
A  D  Y  E  I  E  T  H  W  W  N  L  W  L  G
N  G  B  E  L  R  S  S  U  A  O  E  M  H  I
E  E  A  I  Y  P  E  T  Y  R  R  L  G  E  P
Y  M  N  N  K  W  M  H  L  M  C  D  L  D  B
E  E  O  F  Z  F  Y  E  N  A  Q  H  U  E  K
I  N  C  O  R  R  U  P  T  I  B  L  E  K  F
C  T  E  C  K  K  M  I  N  S  T  E  R  S  Z
S  A  N  C  T  I  F  I  E  D  P  I  P  U  K
```

CARNAL	INCORRUPTIBLE	REWARD
CHURCHES	INHERIT	SANCTIFIED
DISPENSATION	JUDGEMENT	TEMPLE
FELLOWSHIP	MINSTERS	TONGUES
GALATIA	MYSTERY	VIRGIN
GENTILES	OF AN EYE	WISDOM
GOD	PAUL	
GOSPEL	RESURRECTION	

Puzzle #92

MERMAID

```
S  E  A  N  Y  M  P  H  Q  S  U  G  C  V  F
B  H  V  T  A  M  O  I  Q  I  G  W  B  N  R
B  X  D  H  P  M  Y  N  R  E  T  A  W  K  M
Y  V  G  A  E  U  R  K  E  V  U  T  K  C  K
O  N  E  R  I  S  P  E  F  N  G  E  J  P  O
O  T  M  W  M  N  F  L  M  Z  L  R  E  O  C
C  A  B  Y  C  L  M  P  I  P  B  S  S  S  E
W  Q  A  X  L  N  A  I  A  D  Z  P  R  X  A
Z  A  S  D  T  A  N  E  L  C  B  R  A  Z  N
J  D  T  D  I  X  F  K  G  T  Y  I  O  S  N
P  I  F  E  A  N  I  A  I  L  P  T  X  F  Y
Q  N  P  W  R  Y  A  N  H  T  T  E  E  V  M
L  D  O  N  N  E  R  E  I  D  D  L  P  X  P
R  Z  X  O  D  X  L  D  C  X  F  J  T  J  H
D  Z  X  T  D  C  G  F  E  O  Q  K  Y  K  U
```

DRYAD	NEREID	SIREN
KELPIE	NIX	WATER ELF
LIMNIAD	OCEAN NYMPH	WATER NYMPH
MERMAN	OCEANID	WATER SPRITE
NAIAD	SEA NYMPH	

Puzzle #93

BOATS

```
W  I  R  E  G  N  E  S  S  A  P  W  X  B  H
K  C  M  M  J  S  R  E  K  N  A  T  L  I  O
N  M  A  R  I  T  I  M  E  N  Q  B  I  K  V
W  O  D  B  Z  Y  K  N  O  T  V  O  O  M  E
T  E  A  R  I  D  R  R  A  E  N  L  O  J  R
T  M  Z  L  A  N  E  R  E  M  I  U  H  J  C
W  S  A  I  O  W  C  C  E  N  S  C  A  F  R
D  U  A  T  S  D  D  R  K  F  I  M  P  D  A
G  B  M  M  E  P  N  N  U  H  E  R  L  M  F
O  M  Y  O  E  G  A  O  I  I  A  F  A  E  T
P  A  U  K  H  R  R  C  G  W  S  N  E  M  H
I  R  I  J  E  T  O  A  I  K  C  E  D  V  R
Y  I  B  H  Z  U  A  F  B  D  J  T  R  S  S
D  N  E  R  O  H  S  F  F  O  G  I  G  Z  N
Y  E  F  I  S  H  I  N  G  B  O  A  T  H  M
```

BARGE	FISHING BOAT	MARITIME
CABIN CRUISER	FOREMAST	OFFSHORE
CAPSIZE	GONDOLA	OIL TANKER
DECK	HELMSMAN	PASSENGER
DECKHANDS	HOVERCRAFT	SUBMARINE
FATHOM	KNOT	WINDWARD
FERRY	MARINER	

Puzzle #94

CHEESES

```
P  G  N  I  R  T  S  M  U  E  N  S  T  E  R
E  G  O  R  G  O  N  Z  O  L  A  D  U  O  G
P  N  N  G  S  E  M  A  E  R  C  C  S  G  Q
P  Q  O  A  A  W  U  D  E  G  A  T  T  O  C
E  G  P  L  C  I  I  L  K  O  M  F  Z  D  N
R  Q  A  M  O  I  S  S  B  F  E  T  A  R  O
J  D  R  O  W  V  R  A  S  Y  M  A  D  E  R
A  Y  M  Z  S  C  O  E  I  R  B  M  W  F  W
C  V  I  Z  H  E  Q  R  M  X  E  L  A  R  V
K  Z  G  A  N  J  R  O  P  A  R  C  O  I  B
R  W  I  R  A  D  D  E  H  C  T  Y  Q  C  N
H  F  A  E  W  B  R  Z  Y  D  N  F  N  O  T
C  W  N  L  T  R  O  F  E  U  Q  O  R  T  L
S  N  O  L  X  J  H  A  V  A  R  T  I  T  O
S  F  P  A  Q  M  A  N  C  H  E  G  O  A  K
```

AMERICAN	EDAM	PARMIGIANO
ASIAGO	FETA	PEPPERJACK
BLUE	GORGONZOLA	PROVOLONE
BRIE	GOUDA	RICOTTA
CAMEMBERT	GRUYERE	ROQUEFORT
CHEDDAR	HAVARTI	STRING
COLBY	MANCHEGO	SWISS
COTTAGE	MOZZARELLA	
CREAM	MUENSTER	

Puzzle #95

GEOGRAPHY

```
N O I T A N T E R R I T O R Y
E I L E V E L A E S W L I E N
U D A N R E G I O N P L I A A
M U U T P E A T L A S K W Q H
A E S T N R H R D R E C O U T
G M I M I U Z P O C G R T M R
N G E L Q G O G S T F G A I O
E P P R A S N M M I A O R C P
T N E N I T N O C C M U Q U I
I V X X O D I K L C Y E Q G C
C R I V S R I P T I P N H E S
P R R F K E T A A R B C I Y S
O A R R M A L H N C Q P E O E
L Y M H K V E I S L A N D O Q
E Z X A W E U P M E L O P G B
```

ARCTIC CIRCLE	LONGITUDE	PEAK
AREA	MAGNETIC POLE	POLE
ATLAS	MAP	REGION
CAPITAL	MERIDIAN	SEA
CONTINENT	MILES	SEA LEVEL
EQUATOR	MOUNTAIN	TERRITORY
HEMISPHERE	NATION	TROPICS
ISLAND	NORTH	

Puzzle #96

TRAVEL

```
K  U  G  W  M  Q  R  O  N  F  O  O  T  Z  P
K  E  G  A  Y  O  V  V  C  O  M  M  U  T  E
Z  A  J  K  A  E  C  N  A  T  S  I  D  X  R
T  C  O  I  X  H  K  C  R  U  I  S  E  B  E
H  O  U  F  M  X  V  Y  A  E  O  C  Q  J  G
U  T  R  I  P  E  A  V  V  Y  P  H  Z  F  R
A  R  N  T  R  V  R  I  A  G  A  M  E  S  I
D  E  E  G  E  Y  J  U  N  K  E  T  A  X  N
G  K  Y  E  C  B  G  C  S  N  Z  V  A  C  A
L  O  C  A  T  I  O  N  R  I  D  E  O  A  T
P  R  F  D  L  E  P  L  K  U  E  S  C  M  E
V  I  E  Y  L  I  K  M  G  T  O  L  G  A  Y
E  T  A  G  I  V  A  N  A  O  I  T  E  A  L
F  D  E  P  L  E  A  S  U  R  E  Q  A  L  B
E  E  S  T  H  G  I  S  K  J  U  T  R  O  C
```

BAG	JUNKET	RIDE
CAMPER	JUNKETEER	SAIL
CARAVAN	LEISURE	SIGHTSEE
COMMUTE	LOCATION	TOUR
CRUISE	MOVE	TREK
DISTANCE	NAVIGATE	TRIP
GAMES	ON FOOT	VOYAGE
GLOBETROT	PEREGRINATE	
JOURNEY	PLEASURE	

Puzzle #97

ACTS

```
S N E W C O V E N A N T M I W
T S O C E T N E P L L K H P O
E T S O H G Y L O H E A V E N
P S D A M A S C U S L O Z R D
H H E B S A I N A N A S J S E
E U P L P C J R O R M U L E R
N S D E T S E R R A E C G C S
G L S Q T S A N P C M S A U L
J F E E K E O I S U A J O T N
O Y U I N B R P H I N O P I N
D A C E L D A M A T O H Y O P
S N G I S A L N T Z T N M N M
X V N X B C M O Z H V A P I Q
T O N G U E S A B N L T M Z O
P R O P H E T L G O Y G O T W
```

ACELDAMA	HEAVEN	PERSECUTION
ANANIAS	HOLY GHOST	PETER
APOSTLES	JOEL	PROPHET
ARRESTED	JOHN	SAUL
ASCENSION	LAME MAN	SIGNS
BOLDNESS	MATTHIA	STEPHEN
DAMASCUS	NEW COVENANT	TONGUES
GAMALIEL	PENTECOST	WONDERS

Puzzle #98

US STATES OF AMERICA

```
I  P  K  A  I  N  A  V  L  Y  S  N  N  E  P
M  Y  M  C  L  F  E  G  R  H  G  T  Y  H  M
K  R  O  Y  W  E  N  W  Y  O  M  I  N  G  P
A  I  N  I  G  R  I  V  M  U  Z  M  Q  Q  G
G  W  T  D  N  A  L  S  I  E  D  O  H  R  T
M  Q  A  K  S  A  R  B  E  N  X  N  G  S  E
U  K  N  E  W  H  A  M  P  S  H  I  R  E  N
A  D  A  V  E  N  G  E  X  O  V  E  C  T  N
L  H  N  O  R  T  H  D  A  K  O  T  A  O  E
X  H  O  G  H  U  K  K  J  L  F  H  M  R  S
P  H  N  E  F  I  T  U  T  A  H  C  S  E  S
A  J  H  A  U  W  O  H  O  H  P  T  P  G  E
A  T  O  K  A  D  H  T  U  O  S  P  N  O  E
Y  E  S  R  E  J  W  E  N  M  U  H  R  N  Q
V  E  R  M  O  N  T  E  X  A  S  T  G  O  O
```

MONTANA	OHIO	UTAH
NEBRASKA	OKLAHOMA	VERMONT
NEVADA	OREGON	VIRGINIA
NEW HAMPSHIRE	PENNSYLVANIA	WYOMING
NEW JERSEY	RHODE ISLAND	
NEW MEXICO	SOUTH DAKOTA	
NEW YORK	TENNESSEE	
NORTH DAKOTA	TEXAS	

HOUSEHOLD DEVICES

```
W R E W O M N W A L I Q C N G
T E L E P H O N E D R Y E R A
P X X X R E H S A W H S I D R
D W L G B Y E X U W F U L U A
W K A L L L U N Y Y U L I Y G
B L K R E Y R D W O L B N U E
G B Q U N B G X O V W T G H D
M J Q Z D X R Q Y E X H F E O
A U E G E V J O K N F G A Q O
R C O E R E T S O K D F N A R
M L V J P I N Z W D D J J Y V
R U L M R A L A R A L G R U B
O K N Z M R A L A E R I F R N
Q T P R I N T E R E L P A T S
B B R E C O R D P L A Y E R D
```

BBQ GRILL	DRYER	STAPLER
BLENDER	FIRE ALARM	STEREO
BLOW DRYER	GARAGE DOOR	TELEPHONE
BURGLAR ALARM	LAWN MOWER	
CEILING FAN	OVEN	
DISHWASHER	PRINTER	
DOORBELL	RECORD PLAYER	

Puzzle #100

ICECREAM

```
S  K  P  U  R  Y  S  V  A  S  W  U  J  M  B
W  M  P  O  N  A  T  I  L  O  P  O  E  N  N
C  Y  U  E  O  L  S  N  U  T  S  W  I  R  L
R  N  U  W  M  C  N  X  D  E  P  P  I  H  W
T  Q  N  Y  A  H  S  H  G  W  A  L  G  P  B
K  T  E  B  R  E  H  S  T  E  A  D  I  T  E
R  N  N  X  S  R  T  T  H  G  Z  P  N  H  Y
A  V  Y  I  H  R  E  A  E  I  C  E  U  U  U
I  L  A  H  M  I  Q  B  L  B  L  O  E  C  S
N  Y  O  L  A  E  V  V  W  O  R  Q  B  R  Z
B  B  K  L  L  S  K  S  R  A  C  O  N  E  F
O  F  R  C  L  I  O  A  R  H  R  O  S  A  R
W  V  F  Z  O  Y  N  F  L  O  A  T  H  M  Q
B  L  Q  K  W  R  O  A  H  F  Z  Y  S  C  W
X  F  Z  P  Z  T  L  S  V  V  N  H  I  E  V
```

CHERRIES	LOLLY	SORBET
CHOCOLATE	MARSHMALLOW	STRAWBERRY
CONE	MINT	SUNDAE
CREAM	NEOPOLITAN	SWIRL
CUP	NUTS	SYRUP
FLAKE	RAINBOW	VANILLA
FLOAT	ROCKY	WHIPPED
FREEZE	SCOOP	
ICE	SHERBET	

MUSCIAL THEORY
Puzzle # 1

HAPPINESS
Puzzle # 2

FINANCE
Puzzle # 3

TREES
Puzzle # 4

FOOD
Puzzle # 5

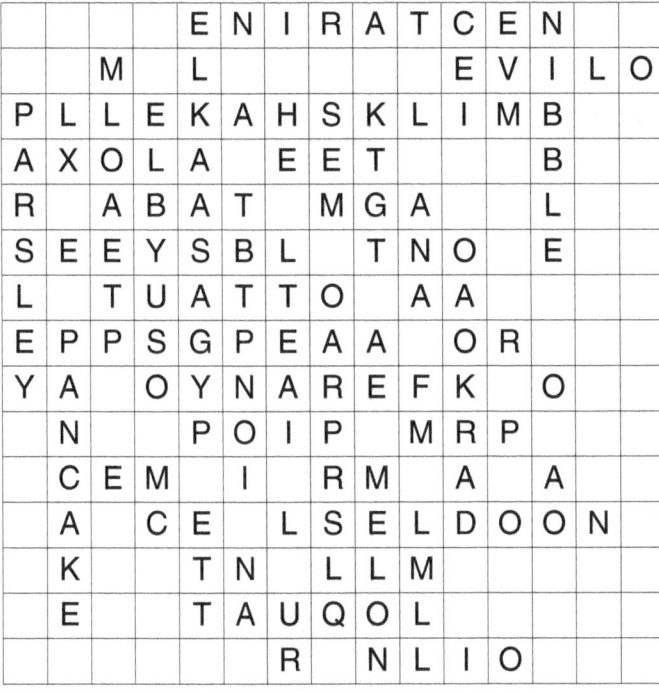

```
      E N I R A T C E N
  M   L               E V I L O
P L L E K A H S K L I M B
A X O L A   E E T       B
R   A B A T   M G A     L
S E E Y S B L   T N O   E
L   T U A T T O   A A
E P P S G P E A A   O R
Y A   O Y N A R E F K   O
  N   P O I P   M R P
  C E M   I   R M A   A
  A   C E   L S E L D O O N
  K   T N   L L M
  E   T A U Q O L
      R   N L I O
```

FOOD
Puzzle # 6

```
  T N R O C O O K B O O K
  U R   C H I C K P E A S
C   N E       O E R
  O   N O W     P I A
E T A L O C O H C S K I
    E M O L   H T O V
    C C S A C F   U I O A
S E V I H C L N L I   T C C C
    O E   A N A L   N K
    W   R   W I E U   E S
S E K A L F N R O C C R A   Y
        F Y R E L E C
    E K A C E S E E H C
      S P I H C
    N E K C I H C
```

POSITIVE WORDS
Puzzle # 7

```
N M   Y L E V O N
U M   I   L U E S I D A R A P
T   E   R M E F   N O W
R     R   A A V G N I V O M
I   O   I S C R O N E C       P
T N P     T   U V L I P E     H
I U T P   E   L L E   N O     E
O R I E   R S   A O L   A     N
U T M R   F   U   R U O   E   O
S U I F   U   Y O Y U S U     M
  R S E   L   K N A T   S     E
  I T C       C I K A       N
G N I T A V I T O M U M O N A
  G C               L U   L
M E R I T O R I O U S       L
```

LANDMARKS US
Puzzle # 8

```
    F R E E D O M T R A I L
          L
      N   L
      A   I
      T   S
      I   I
      O E S U O H E T I H W
      N   L
      A G A T E W A Y A R C H
      L   N
      E M A D R E V O O H
      A
O M A L A E H T
      L
```

CHRISTMAS
Puzzle # 9

```
S T N E M A N R O
        R E L A X I N G
S S E N E V I G R O F
H A P P I N E S S G     S
S   Y L I M A F I   M
  E X C I T E D   N S T F I G
  V     S I N G I N G L S
  S L     H O P E   E T
R E E E       R V   S O
U   V I O   Y B   O   C
  D   E K N P   R   L   K
S N O W I O   E E R   I
    L S L O R A C E   N
T I R I P S E C D C   M   G
  S D I K H   B     E   S
```

CHINESE NEW YEAR
Puzzle # 10

```
          L       Z
        T   A   T   O
S N A K E I   V   W   D
    I     S G   I   E   I
    R E D G E   T   L   A
    A     N R G S   V   C
    D     I E I E   E
  S   M N   L T P F
  H   O A   D P S
S E L D O O N M   R M O O N
E   L U C K   A U O
P       A E   G D R
  R A B B I T Y   O
    A             G N
    T
```

FLOWERS
Puzzle # 11

```
E B I T T E R R O O T
D A P P L E B L O S S O M   B
E B D   B   D O     B C   O
L Y A B E S S A U   U A F U
W S N B L A U O I Q   T N R G
E B D   L U I C M S U T D E A
I R E   F U E L O S Y E Y E I
S E L   L   E B H R O R T S N
S A I N O G E B E A C C U I V
  T O   W     O L D U F A I
  H N   E       N L P T   L
    R N O I T A N R A C L
    A I L L E M A C E     E
  L I D O F F A D       T   A
  M U M E H T N A S Y R H C
```

PASSAGES5
Puzzle # 12

```
S U I L E N R O C
    S             R
    A C H U R C H     R E
    U S   T   E       S
P I L A T E R   T A R S U S
  C S   N   I   E     U
    H A   E   B   P   R
    R I   L M N   N   E
S     I N   A D A   E C
  A     S A   Y N T   S T
    M     T N D A A I   I
G     O     A A E R M O O R
S A P P H I R A E   A T M N
  T     T     R   T E O S
S U S E J       G   H B C
```

REVELATION
Puzzle # 13

```
  B   A I H P L E D A L I H P
N   O N R T E P M U R T L
  E   O O A H L         A
  P V S K L T Y A T H R O N E
  E D A   O Y S A I   S D
  R   R E   F B G T V M I
H G   D A H P L A N I Y C L
  A   I   G W L I B I R I A
  M R S   O E A F   N A M
  O   V     N N G E A R B
  S U S E H P E     U     O O
S E V E N S E A L S   E   F M
  T S A E B T E L R A C S G E
    W I T N E S S E S   O G
                      D A
```

FOOD
Puzzle # 14

```
W C           K O W
  A A           M A Y
    T S     S   W S K L O Y
    B E S     G   E A
N N   A R E L     G   T B
  I O   C C R A C K E R S I
T   M S D O R O E   D
  U   A I U N E L V I W
    N   T N M   S E M A
      L   I E P   S S F
E L F F A W V V L   U E
      W A     I M R E
        T     N     H
I N I H C C U Z E   G     C
  T R U G O Y   R     S
```

FOOD
Puzzle # 15

```
  W       R T
    E       E U
G N A D     H G N         H
G R A V Y H T   A R L     E
  A E A E O I   L U E     R
G   N B U N N U F I B Z   B
R N   O N G O E R   B M A S
A   I H   L E   H Y F   U A H
T     T S G A E         T H
E     S A R G R E E N T E A
D     B O H E   G G
    T I U R F E P A R G
      R F   N   M A H
      G     S     P
    E L O M A C A U G E
```

PARABLES2
Puzzle # 16

```
        L O S T C O I N
        W   E
    T   X O T E U Q N A B T
    N G   A D   S         O
W P   E N   T I   I       W
A R S   L T I R A W   R   E
T O   T   U S K E E   A   R
C D   E   F I G T R E E H
H I   W   H S N S G       P
I G S E R V A N T N I A S
N A M H C I R R   I I R M O
G L       D B A R R E N
            F   A
      T S E N O H S I D   W
      R O T C E L L O C
```

FUNFAIRS
Puzzle # 17

```
  D A N C E Y E A D N U S E
    C H E E R F U L     N
  C O     L L E V E N T T W
  O N T L C E B E       E H
  T C T Y E A I B A H   R I
  T E E S D U V R R Y C   T P
C O L S   W N Q I C A O   A P
O N E T     I A N N U T J I E
S C B U M P E R C A R S I N D
T A R       L   B A   O E
U N A L L I N A V     O C   N
M D T   S Y R U P C A V O R T
E Y E C O U N T Y F A I R T
    N W O L C S U C R I C   H
  S N O I S S E C N O C
```

WINE
Puzzle # 18

```
    L A T N E M A R C A S
A   C A L I F O R N I A
    J     T   I H C N E R F
      O B   N E T R E S S E D
M   R I U Y A N N O D R A H C
T E E   R B   I G A N P I N K
Y E D   L B B R A I I     W
  D N O   U O L E B P H V   H
P R N R C S R H Y V E M C   I
K I   U E H D   O   E N A   T
T N N   G B E     C   R I H E
O K O O   R A S   A L T A R C
K   L T   U C O     A G
A     P   X B   R B O O Z E
Y   M U S C A D E T O L R E M
```

LUKE
Puzzle # 19

```
  R E P E N T A N C E
  N F O U N D A T I O N
    H     E   I         A
    D O O G   M     U   N
      A J     R D   R   N
  H T E B A S I L E E   F A
Y G O L A E N E G O H H
      P     E   S S
      T     N   T I A
P   N I O C   T   M F W
E   S     I     E
R   T     L     O
I Y E N O M F O E V O L N
S N O I T U C E S R E P
H   P E E H S A M A R I T A N
```

HAPPINESS
Puzzle # 20

```
          S W O R K I N G
          R R E A D I N G
  M O T I V A T I O N
  U         P N V   E
  S U C C E S S T A O   M
W I N N I N G     U I M   O
N C S U N S H I N E R D   W
  O     W O R K W I F E A   O
  I   N O I T A X A L E R R
    T       G H           S
      A       I T         H
  W E L C O M E L M       I
  N O I T A T U P E R     P
G N I D D E W V     R A
G N I R E E T N U L O V   W
```

OLYMPIC SPORTS
Puzzle # 21

R	F		S	C	I	T	S	A	N	M	Y	G	
U		E		B	O	B	S	L	E	D			
G	B		N	N	S	W	I	M	M	I	N	G	
B	O	H		C	A	S	O	C	C	E	R		
Y	X	L	A		N	I	I						
G	I		F	N	Y	O	N	R	S	I	N	N	E	T
G	N	I	V	I	D	R	T	G	T				
	G	I		K	B	E	N	N	S				
			L		A	A	H	I	I	E			
		R	R		R	L	C	M	L	U			
		O	D	U	J		A	L	R	D	C	Q	
		W		C		T		A	A	Y	E		
		I		L	L	A	B	E	S	A	B	C	
		N		B	A	S	K	E	T	B	A	L	L
		G		Y	E	K	C	O	H	E	C	I	

PARABLES1
Puzzle # 22

W			S	T	N	E	L	A	T	E	H	T		
I					W	A	T	C	H	F	U	L		
S				O		F	R	I	E	N	D	A		
E				W	C				W	R	B			
	M	I	D	N	I	G	H	T	H		E	A	O	
	H	S	I	L	O	O	F	T		R		E	W	U
S	R	O	T	B	E	D		W		I	D	N	R	
V	A	S	D	L	O	H	E	S	U	O	H	S	E	E
I		M	T		M			G	R		T	R		
N		A	N		A	S	T	A	O	G		S		
E		R	A		I	P	S		O					
Y		I	V		D	E		D						
A		T	R		E	E								
R		A	E		D	N	H							
D		N	S		S	S								

RESTAURANT
Puzzle # 23

R	E	T	I	A	W	T	E	M	R	U	O	G	W	
R			P						C			A		
E		R	P	W	A	T	E	R	O	C		I		
S		B	R	E	A	K	F	A	S	T		T		
E	M		T	I					N	K	R			
R	A		I		H		P			D	E			
V	I		D	Z	A		S	L			I	S	S	D
A	N			E		I	B	A			M	T	S	
T	C	O	U	R	S	E	R	T	C		E	E		
I	O				I	E	E	L	D	N	A	C		
O	U		B	E	K	A	C	T		T	K			
N	R		C	O	O	K	D	R		E	S			
	S				W			B		F				
M	E	N	U				L	R	E	T	T	A	L	P
			C	E	N	T	E	R	P	I	E	C	E	

BIBLE WORDS6
Puzzle # 24

			S	T	S		V	S	A	R	D	I	U	S
	T		I	S	A	E		E	H					H
	A		L	V	H	B	R	L	S	R				E
T	B	S	V		A	E	R	V	Y	T	O			K
R	E		E		T	I	R	E	I	R	R	U		E
E	R		R	H		N	N	D	T	T	U	Y	D	L
S	N	M	L		S		A	G		A	O	S		T
P	A	E	I	S	H	I	T	E	L		L	R	U	A
A	C		N	T	E	C	D	E	J	O		E		X
S	L		G	I	T	A	R	F	I	R	R		N	A
S	E		S		M	I	T	A	F	L	E	Y		T
				A	H	W	R	U	T	S				I
T	R	A	V	A	I	L	C	S	A	T	N	R		O
	E	N	I	Y	H	T	Y			R	E	S	E	N
	U	N	I	C	O	R	N	S			D	T		E

DECORATIONS
Puzzle # 25

				S	A	T	N	A	S						
S				G					L						
	N	G	N	I	L	K	N	I	W	T		L			
S		O			I		I	H	R	E	P	A	P		
E	E		W			G		K	T				B		
N	O	N		F		F		H		C	A				
U		T	O		L		I		T	S	O	E			
T		R	E	C	E	A	D	R	Y	S	L	T	R		
C		I	E	L	E	L	K	N	E	D	W	L	S	W	
R		B	T	T	N	V	E	A	P	N	O	E			
A		B		R	T	S	I	E	S	L	L	A	B	B	
C		O		A	E	I	I	P	S	D	R	A	C		
K		N		I		E	L	M			A	C			
E		S		N			G				G	E			
R	O	R	N	A	M	E	N	T	L	E	S	N	I	T	

PASSAGES4
Puzzle # 26

T	E	M	P	T	A	T	I	O	N	S					
	P	R	O	D	I	G	A	L	S	O	N				
		S	U	E	A	H	C	C	A	Z					
	E	S	U	O	H				M						
	M	E				N		W	A						
G		L	O	R	D	S	P	R	A	Y	E	R			
	N	R	G	U		U			F	M		L	Y		
	I	N	E	T		A		F		L					
R	C	H	T	U	L		I	I		I					
E	H	C		O		P	A	T		S					
W	W		A		Y		M	H	A	H					
N	O	M	R	E	S			E	T	E					
M	S			R	O	C	K	T	R	B					
A		R	E	P	P	U	S	T	S	A	L				
N											M				

FLOWERS
Puzzle # 27

				R	E	W	O	L	F	N	U	S		
S	A	F	F	L	O	W	E	R						
W	M		M	M	A		W			P				
A	T	A		A	I		C	O			O			
L	V	U	L	C	G	S	L	I		L		P		
L	I	L	L	A	N	T	A	N	A	F	P			
F		O	I	O	L	O	L	R	O		Y			
L	O		L	P	W	I	L	E	K	R		A		
O	R	E	D	N	E	V	A	L	I	T	S	E		M
W	C			T		E	L	A	O	P	V			
E	H		P	R	I	M	R	O	S	E		E	U	
R	I		A	I	N	N	I	Z		O	R			R
	D			R					R	U				
A	I	R	E	T	S	I	W			Y	S	N	A	P
			S	U	S	S	I	C	R	A	N			L

LOVE
Puzzle # 28

T				E	T	E	R	N	A	L	A	T	I	N
	S	S			S	A	C	R	A	M	E	N	T	
P	I	W			W		I	E						
E	H	A	R	O	T	T	O	L	F	Y				
R	V		A	V		E	R	I	I	A				
P	E			H			H	S	G	R	R			
E	T	T	R		Y	C		P	H	I	C	P		
T		R		L		A	U		R	O	I	V	A	S
U	A	U	S	A	C	R	E	D		R	P		S	
A	D		S		S	P			P					
L	I			T		T		R	A	C	I	V		
	T	E	M	B	O	D	I	M	E	N	T			
	I			G	E	N	E	S	I	S				
	V	O	L	U	N	T	E	E	R	G				
	N		V	A	L	I	D	A	T	I	O	N		

PASSAGES2
Puzzle # 29

			P		S								
		J	R		N	J	E	R	I	C	H	O	
	R	G	O	L	I	A	T	H	N		F	T	
		A	P	N	K	C	O	R	S	O	I		U
	N	H		A		L	M		U	E			R
		E	E	A		T	S	E	I		R	D	
			T	N	B		H	E	U		Y	L	I
				O			A	R	M			U	G
			S	A	M	S	O	N	P	A			B
D	A	V	I	D			O	E	T		E	S	
				R				L	I	E		N	
				E			O	P	M		T		
					T				S	S	P		S
S	T	N	E	M	D	N	A	M	M	O	C	L	
						W							E

DENTIST
Puzzle # 30

	T		S	D									
Y		O	P	E	D	O	D	O	N	T	I	S	T
	R	O			N	R							
		T			T		U						
M		H	S	A			T						
I		G	N	I	L	L	I	F	N				
L	T	S	I	T	N	O	D	O	X	E			
K				U	E		P	A	C	D	L	O	G
T					R		D		M				
E				T	S	I	T	N	O	D	O	D	N	E
E		H	T	E	E	T			L				
T					L	A	N	A	C	T	O	O	R
H									R				
		O	R	T	H	O	D	O	N	T	I	S	T
		N	O	I	T	C	A	R	T	X	E		

WINE
Puzzle # 31

				P	O	H	S	I	B	S	U	G	E	N
				F	O	R	T	I	F	I	E	D		
	Y	R	A	N	A	C	L	E	T	A	C	S	U	M
	C	N	A	L	B	N	I	N	E	H	C			
T	M				M	O	S	E	L	L	E			
	E	O			C	M	U	S	C	A	T			
	N	E	V	A	O	S					R			
P		O	N	S	I	L	O	J	U	A	E	B		
	O	T		O		D		R			M	T		
		R		B	D	T	E	D	A	C	S	U	M	
	A	T		K	U				T	R				
	C				C	D			S					
	H		Y	A	K	O	T		A	I				
S	H	E	R	R	Y			H		L		N		
		T			A	R	I	E	D	A	M		A	

HAPPINESS
Puzzle # 32

		S	E	I	T	I	V	I	T	S	E	F		
		A			E	N	F	L	O	W	E	R	S	
		F			N	T	D	E						
		F			Y	E	N	U	M					
		A			L	R	E	T	E					
		B	A			L	D	I	I	S				
		I		N			O	L	L	T	U			
	D	L			I		D	J	I	L	A	M		
C		E	I				M	O		H	U	R	A	
N	O	I	T	C	E	F	F	A		O		C	B	G
		M	Y	A	H		S	M	L	I	F			E
			F	O	L	E		E	C	S	T	A	S	Y
L	U	F	Y	O	J	E	E	C	S	T	A	T	I	C
			R	H	C	R	U	H	C					
		T	N	E	M	T	N	A	H	C	N	E		

END TIMES
Puzzle # 33

```
D E I F I C U R C
        P R O P H E T S
  X S   E A R T H Q U A K E S
B R O T H E R N A M F O N O S
A G D B N         B   E
R E   E R I C L O U D S
R N   T S E O   M       L
E E   R   O T N I       A
S R   A   L S N W A T C H F
T A L Y       A A A     S
  T R E W O P   T B     U
  I     I       I I A   P
  O     G N I M O C O L   P
  N     S R A W N     N A E
S R U O M U R D     G L O R Y
```

CONTINENTS
Puzzle # 34

```
    A C I R E M A H T U O S
      S   A
        N   C
    A     A     I
      C         E U R O P E
        I       C   F
          T       O     A
          R             P
    A U S T R A L I A   A
            T           C
    S O U T H E R N A I D N I
    C I T N A L T A F
    N O R T H A M E R I C A
                    C S
                        A
```

CAKES
Puzzle # 35

```
T G   B         T R U F F L E
  I     U G   W E D D I N G S
  N U     T N               W
  G F R O S T I N G         I
  E   S F     E C       D S
  R   U     C H R I S T M A S
      D L       S       T R
      E N T       C     E O
      C M O A L E M O N   L
      O A   M N       T   L
      R D     L A     C
      A E L P P A N G E L H
      T I       A
    T S E R O F K C A L B
      A T T O C I R
```

CAR
Puzzle # 36

```
      P   R A C S T R O P S
      K A     E
      C T     D
C R   T A R       I
O A   R H B O D I R B Y H
U C   U O   H L     W       L
P E L E C T R I C C A R O   U
E C F K R H   A T A       L X
  A O O   E R   A R C       U
  R U D T A X I H R       R
    R     V R       U     Y
    D V A N S       I     C
    O N       E S         A
  E N I S U O M I L E R       R
    Y R R O L R
```

PHILIPPIANS
Puzzle # 37

		T	H	A	N	K	S	G	I	V	I	N	G	
A	N	O	I	T	A	C	I	L	P	P	U	S		
	I			S	Y	N	T	Y	C	H	E			
		N	S	U	T	I	D	O	R	H	P	A	P	E
T	I	M	O	T	H	E	U	S		R				
N			D		E	U	O	D	I	A	S			
	O	R	E	Y	A	R	P		T	S	U	S	E	J
		I			C	S		H	T	D				
		T			A		E	A	N	N				
S	T	H	G	I	L		L	M	C	N		I	O	
			D		U		H	D		W	A	B		
			R	T		U	F		O		S			
	R	E	J	O	I	C	E		R	A	R			
				P	C	S		L						
S	T	S	E	U	Q	E	R		H	T		D		

BEER
Puzzle # 38

		T												
	S	R												
	E	E	E											
	T		N	L	F	N						W		
P	L		O	A	R	S	A					E		
O	D	R	A	F	T	E	E	L	L			I		
E	R	R	T		M	Y	R	L	B	I	E		S	
W	T		E	A	R		D	U	A	O	P		S	
E	I		T	E	A		N	B	P	T		S	B	
R	R	H		T	H	G	U	A	R	D	K	T	I	
	B	W		I	W	A		H			O	E		
		K	C	O	B		L		S		U	R		
			H	C	I	N	U	M	T					

PASSAGES6
Puzzle # 39

S	H	I	P	W	R	E	C	K	L				
N			B		R	E	S	C	U	E	D		
	O	K		A		S	N	E	H	T	A	M	
		I		P	R	I	S	O	N		F	P	O
		N	T		N			X		I		R	
		G	N	A		P	A			I		G	
D		A		A	D		R	B		T	O	L	P
	L	G			I	N		E	A			E	
		R		E	Y	T	U	D	A	S			F
		I	O		S		S	O		C	I		
		P		W		I		I	F		H	L	
		P			W		M		R		E	A	
		A			E		O		H		R	S	
		P	R	I	S	O	N	E	R		C		
							P						

COLOSSIANS
Puzzle # 40

		F	E	L	L	O	W	S	E	R	V	A	N	T
					U		M	Y	S	T	E	R	Y	
		A			M	F	M		R	E				
			R	E			I	H	O	D	O	V		
H				I	P	D		N	T	D	O	L	I	
L	T			S	O	W		I	I	S	G	G	W	
U	T	I	M	O	T	H	E	U	S	A	I		A	
T	S	A	B	A	N	R	A	B	L		T	F	W	S
Y		P	R	F			R	T	L		E		S	
C		C					C	S	E		R	U		
H		U	G				K	H	I	T		R		
I		S		R			L	U	R	H	A			
C			E	P	A	P	H	R	A	S	H	N		
U					C				W		C			
S	H	U	S	B	A	N	D	S	E			E		

POSITIVE WORDS
Puzzle # 41

```
        T N E I C I F F E
E E           Y
F N       C   S
F E T U C O       A D
E R V     U   E L E G A N T
R G   I   R   N L         E
V E     T D A Z Z L I N G   F
E T A     A G       G V   E F
S I   R   D E L I G H T I N O
C C     N   O R     T     D R
E         E U   C   F     O T
N C I T A T S C E U     R L
T           T     L     S E
          E V I T C E F F E S
D E H S I U G N I T S I D D S
```

CHRISTMAS DAY
Puzzle # 42

```
N             M I S E L T O E
    A   G   S U A L C A T N A S
      M   O S T O C K I N G
        W S O   G N I F F U T S
          O T S T H G I L   N
          D I N N E R T   N
F R I E N D S E   W U O
    F   C       P S R S R
      A E   H   E   E   T K
S     M   O   A   A R H A E
E L   B I L   C   T   P   R Y
    E O E   L   E   H   O
M E R R Y Y Y H G I E L S
      T A R E E D N I E R
        C A N D Y
```

MOM
Puzzle # 43

```
Y   J E W E L R Y
    L       D     A
      I   N   O   H   D
D   F M   O T   U S S I K
E N D E A R I N G   G   L
      I A E F N T S   R     O
      H K M L G   A   A   G   H
        E   T D I     C T L R
        R     I N N T F I G A
        I   R   R A G   T D T D
        T F L O W E R S U   E   Y
        A   K I N   H G D   F D
        G       O   N E H U G
      H E A R T     H   I   L
        J E W E L S
```

CAKES PIES
Puzzle # 44

```
      Y E A S T H I A M I N
            A     S   R
        S         E   U   O I
        S D   P       H     G   N
C       E A I D       W     A G
H A N F T E R O L L S         R
O G L E L A R   U             E
C U C T O R B   G             D
O   O I U U Y A     H         I
L     D U L R H T   N         E
A       M G   O T   U         N
T           B E     T         T
E               R R           S
                  A
      S E K A C P U C
```

VALENTINE'S DAY
Puzzle # 45

```
D E M R A H C   B C H E R U B
N   D       S O
  O   A R B E A U
    I   F A     Q O
    L T R F C   U   R
C C   E A E E   E     O
H A O   G R R C T E N I M E B
E R   U   N O I T C E F F A E
R N     R D A D M I       T
I A C     T E   A D O R E R
S T   A     I V     A N   O
H I     N   S N O O L L A B T
  O       D     G L     T H
  N     B O Y F R I E N D   E
B O W A N D A R R O W B     D
```

MUSICAL INSTRUMENTS
Puzzle # 46

```
            M A N D O L I N   S
D I D G E R I D O O         Y
    E     H A R M O N I C A N
L M U R D E L T T E K       T
P E   T Y R A T I S         H
I I   E L   B I U           E
A     P P     U M G         S
N     S M   O T P           I
O J N A B N C U   L C A     Z
V N A G R O E O R   O   N   E
  I S   U   K R T W C   I   R
  O M   D   C N B   C
E L E L U K U N   O E     I
      I R     A   L T     P
      N D     B L G
```

COFFEE
Puzzle # 47

```
    D T B R O W N O I R
    E E A E G A R E V E B
D T   X T B A V A J
  E N   P S L N   L A T T E
  I C A   R A E S C
C R O A T   E O N H O T
A I   N F S K S R I G R I N D
F S B   I E N N S C E   C
E H G A   C I I O   F A
A B E R R Y C N   R D   F   M
U   S O A   U A Y D E F A O
L     U U     P T S   E   C
A     O N     P E H E S H
I C E D   H D   A D O   A
T U R K I S H     C   P
```

WIND
Puzzle # 48

```
    E V A W T A E H
  M I S T E G       H
        O N N     S
A       D A I     U
T V       A C N       L
  S A       R N I T E E L S
    O L     A C R R H       N
      D R A Z Z I L B O R G   O
      D F F N   N O I   T U I W
        O M   C   U H A Z E H L
        G O R   H D     H
      C Y C L O N E Z E E R B
          F T
R E D N U H T   S
  S Q U A L L A C I D R A I N
```

CORINTHIANS2
Puzzle # 49

```
                R E P E N T
L T N E M A T S E T W E N
  U M   H   F   N
    A   C O     W E
J   C P   T R O F M O C
  U E   M   G U       R A
    D   O   I   H     C R
  O G S B V     C       G
  N   E   E P I S T L E S
  I   S M N L   D
P E A C E   E   I   E
  T I T U S N   A   K
    T A E S   T   L O
  N O I T A V L A S     Y
    N O I T A N M E D N O C
```

CAKES
Puzzle # 50

```
R   C       L L O R Y L L E J
E     A     P E       I
D B M U R C   O G     T D
V     N   R     U G F A E
E T A L O C O H C N S L C
L       M   T   D I O P S
V   N     E   C   A R U P
E     A     L   A N A D R
T F R U I T C A K E K   T D I
M A E R C R E T T U B E I I N
    I   M   A         N N K
    C     A   V     G G L
    I B A K E D A L A S K A E
  G N I T S O R F B     S
E U G N I R E M C M O U S S E
```

PETER
Puzzle # 51

```
B       I N H E R I T A N C E
  A P R I E S T H O O D
I   B   R O A R I N G L I O N
N N S Y   N D T S A F D E T S
C   I P L H O L Y N A T I O N
O A   A I O R I       I
R   P   G R N   T G   O
R V R P F A I T H A I   L
U I E E A   N T     R R
P G D   B D G R U O V E D
T I E     O O   O A T   N U
I L E       S N   B L C   E P
B A M         C H O S E N G
L N E S A L V A T I O N   L
E T D       A I T A L A G E
```

POSITIVE WORDS
Puzzle # 52

```
  H         Y L N E V A E H
    O   H A N D S O M E
H O N O R A B L E
      E H A R M O N I O U S
  Y     S D   G   I
G   T S     T O L R   D H
L     R U   G   O I   E
A     A I   N W G   N A A
M     G E N U I N E   L H L
O     I U H E N W     I E
R     V   H   G H O   N A
O     I L U F E C A R G L
U     N   T A E R G P G T
S U O E G R O G       P H Y
  D E R O N O H       Y
```

POSITIVE WORDS
Puzzle # 53

```
      E     E           J
         V     V     E O T
         I     I     I N V E N T I V E
D     N L S     T I I M A G I N E
T E     T A S     A   T   T K
   N N I E U E L V J I     S I
      E R N L T R   O   U N
J       D A N L C P Y N     T D I
U         N E O I E M     N   N
B         E L V G L I   I   I
I           P   A E L A U G H
L           E   T N E E K
A K N O W I N G D   E T T
N   S U O E N A T N A T S N I
T           I N S T I N C T I
```

BAKING
Puzzle # 54

```
T   C
   N R U F
E   A   P A
D I C S   C O
C A K E S   A L
   E O   I   K T
D   R R O S O   E L
O     B C T R   S A
U           I C     M
G         M U F F I N
H   D A E R B H C N E R F
N             S   I
U               I   P
T             B
```

JOHN1
Puzzle # 55

```
   E S S E E S D L R O W E H T
T   T U T T C N O R E T A W S
   S   A I N E N O G         P
S   I   C R E R A I F         I
I     R   O T M N R T O       R
N       H T V E D A U I N     I
N C B B B C S D M N L S T O T
E O   L O E I O A E A L S E S
T N F   O R L T H   D M I A P
H D   A T O N I N G   M F
N E     T   D O E A Y     O E
O M       H     F V   L     C
T N       E     G E   O
S L O D I     R       O T   H
   O V E R C O M E T H D H
```

MARK
Puzzle # 56

```
   Y S E H P O R P
   E   O D E K U B E R
     C   W U   R T L A S
     B R   E T R E P E L
D   A   O A R I   P   A
E   R     V H   T   E   V J
A U T H O R I T Y L   N   E
F   I       J D A   U   T R N
   M   D E L A E H   M   U
J A I R U S   M L P     S
D E A F M A N     E   H   A
D U M B       V S   P L
   S   M A R R I A G E E
     R E P E N T A N C E M
     M O D G N I K
```

VALENTINE'S DAY
Puzzle # 57

S			T	E	G	I	R	L	F	R	I	E	N	D
	E		S	R	V			Y						
	D	E	V	O	T	I	O	N	A					
		R	O		O	L	L	A	D	H	O	N	E	
Y			I	D		N	F	N	I	I				
	E	E			S			E	O	I	F	L	A	M
E	M		T	D	S	E		Y	M	N	L		O	
	B		A		R	D		R	T	D	L		H	
	R		R	D		E			A	E	N	A		
	A			L		C	W			U	G	E	F	
	C	U	P	I	D		O		O			R	R	S
	E	R		N		E	R			L		B	O	
S			U	G	T	R	A	E	H	T	F	I	G	E
F			S			T	R							
F				H	H	E	A	R	T	T	H	R	O	

OFFICE
Puzzle # 58

					L	A	I	C	R	E	M	M	O	C
			W		D	Y								W
	A	C	C	O	U	N	T	S				T		O
E	C	E			R	T	O	I				R		R
I	C	G	N		E	R	N	B	D			A	E	K
N	O	N	N	T	E	T	O	E	O	O		D	M	E
C	U	S	A	I	R	Q	A	B	M	N	M	E	P	R
O	N		L	N	P	E	U	M		Y	U	M	L	
M	T		A	I	E	P	I	I			A	S	O	
E	I			U	F	E	R	P	T		P	Y	C	
T	N	S	A	L	A	R	Y	K	E	M	S		M	
A	G					C		K	N	E	E	E		
X	E	C	R	E	M	M	O	C		O	E	N	N	
E	V	I	T	U	C	E	X	E	A		O	U	T	
N	O	I	S	S	I	M	M	O	C			B	R	

POSITIVE WORDS
Puzzle # 59

		S	Y	M	M	U	Y	E	M	O	C	L	E	W
		L	U	F	R	E	D	N	O	W				H
			O	V	W	O	R	T	H	Y	V			O
	I	N	S	P	I	R	A	T	I	O	N	A	L	L
				B	C			V			L			E
	W	V			R	V	A			U				S
Y		E	I		A	I	S	V	T		E			O
V	H		L	C	N	C		U	I		D			M
V	I	T	A	L	T	T		G	O	V				E
	R	L	E	L	O	H	W	N	R	Z	E	A	L	
		T	A		R	R		A	I	O				
		U	E	Y		I	L		L	G				
W				O	W			O			L	I		
W	O	N	D	R	O	U	S			U			I	V
	W				S				S				W	

MERMAIDS
Puzzle # 60

						S						
						A						
			T		N				C			
			U	E	D	I			O		I	
S	J		R		S		H		R		S	
L	E	S	D	T		R		P	A		L	
L	A	E	E	L		O		S	L	R	A	
L	U	S	A	E			H	T		O	N	
Y		G	R	S	W			A		C	D	
F	N	H	A	O	H	A		T		R	E	K
I	I	A	S	E	L	E	E		A	F		S
S	S		S	E	A	S	I	L	S		I	
	H			H	C	L		A	L		S	L
	I	O	C	T	O	P	U	S	S	H		
	P	W	A	V	E	S	T	O	R	M		

BOARD GAMES
Puzzle # 61

```
        R E T S I W T
        B A C K G A M M O N
S C R A B B L E     A
R U O F T C E N N O C S
        T Y R A N O I T C I P
D N A L Y D N A C   E
O   J E N G A   H   R
M   S   C L U E   M
I   H S       C   I
N   L I F E S   K   N
O   P     H O E S D
S         C R   I
  O G E T A R T S R   R
  E L B U O R T   Y
  M O N O P O L Y
```

CAT
Puzzle # 62

```
L   M
  E   P A N T H E R
    O   M   F
  T   P   F M   E
S A J A G U A R L L
  T C   R   R L   I
  A C   D   R   O D
  H   C I E       Y N
  A   D T N   M E O W
  N   T   L S I   T
T F O S E   I E L
  I L I G E R W M E
  G   L   H   O F
  O     C     D
  N     T I G R E S S
```

DELICIOUS
Puzzle # 63

```
  H S U L     D       D
  L U F T H G I L E D   I
C H E E S E E N   L   T S
  Y N Y   L L I   I A T
E   L I M   B B C   S I
N G   N V M G A A I   T H N
C   D R   E I U N T Y T Y C
H C E A   V D Y I C O N   T
A   H S T A   A L E J E I
N M   O S I   E   R R L N V
T O   I E F   H   R A E E
I   R   C R Y T N I A D D
N   A P P E T I Z I N G
G         S S N
  A P P E A L I N G G
```

JESUS RISEN
Puzzle # 64

```
E K A U Q H T R A E   T
Y T I N I R T S A   H
E   C E N T U R I O N R
T E S P U N G E M R   G E
E S L   A R I M A T H A E A
H N O I S H E R     C D L
T E H L T T H Y A   A
  O L G A N O T G Y
  L A Y G E G A E S
H   C D L R M L F N
  P   N G O A R O     I
  E   E A H V A G     V
  S O N N M E G
D E N E P O   I   S
  J   L
```

WATER
Puzzle # 65

```
H T U O M M A N G R O V E
  S     I C E C L I F F I
  S R E T A W D A E H   C
D   A       H C L U G E
  N L G M       I     F
H   A U G E Y S E R     I
T C G L A C I E R C A V E
D A O F D       O     L
P N   O L   A M     B   D
M A N M G R E B E C I R
  A L     A H   K     A
    W S     N     A   H
T E L S I   D N O P L L I M
      I N L E T
        R
```

US STATES
Puzzle # 66

```
          K E N T U C K Y
  A   A N A I S I U O L
    W   S     M I S S O U R I
      A O D A R O L O C
  C   D I S   I   N
  O A R I Z O N A D   I
  N E M   R M   A I A   L
I N   R A   O I I K G H   L
N E     A B   L C I R R O   I
D C K   M W A   F H A A O
I T A     A A L     I W   E
A I N R O F I L A C   G A   G
N C S   M I N N E S O T A H
A U A         E D K     N
  T S     M A R Y L A N D
```

CHRISTMAS PREP
Puzzle # 67

```
    S U S E J S         P
R E G N A M   H     M   O
        O     O T   O   I
          I   W R V   N
        M   T S   E I   S
    H C R U H C A N D L E S E
    T I N S E L N R   S   T
        I     T O       T
        C   N L A   C   I
    S T O C K I N G S E   A
          G A R L A N D
          H R
          T   T
    S T N E S E R P
  E L B A T S L L A B W O N S
```

GALATIANS
Puzzle # 68

```
F R U I T S I R H C S U S E J
S H       G
P   T N A N E V N O C     G
I   I       N L       J O
R   J A     T U       G O
I H S E L F       L A   R D Y
T   W   O         E P A N
S   S   V         N C E
R S E C N A R E P M E T E S G
E E                   S O
J   N       G E N T I L E S P
O   S K R O W           P
I P E A C E               E
C   G N I R E F F U S G N O L
E           M
```

HOUSEHOLD APPLIANCE
Puzzle # 69

```
R        R  E  L  O  O  C  R  E  T  A  W
R  E  Y  R  D  S  E  H  T  O  L  C
E  L  K              F  U
F  E  N  O  R  T  A  L  F  F     R     T
R  C  D  O           S  E  L     R  W
I  T     I  R  C        E  I     O  A
D  R     S  E        M  R  N     U  F
G  I  G  T     H  Z     A  G     S  F
E  C     O     K  W  E  K     I  E  E  L
R  P     A  F     E  A  E  E     R     R  E
A  I     S     F     T  S  R     O     P  I
T  G     T        E     T  H  F  N  V  R  R
O        E           R     L  E        E  O
R        R  I  C  E  M  A  K  E  R     S  N
   M  I  C  R  O  W  A  V  E        S
```

CHESS
Puzzle # 70

```
      P        K              Q
C     H  O  D     O              U
   H     C  H     R        O        E
      E  L  T  S  A  C  R              E
      G  C     A  I  O  H  E              N
P  A  W  N  K     M  B  B  A  H
      G     I  M     O     S  M  C
         N     K  A     V     S  P  S
      K  N  I  G  H  T     E     E  I  I
            N        E     C     H  O  F
            E              E     C  N
                  P              I
               O           P
```

FUNFAIRS
Puzzle # 71

```
                  N  O  I  S  S  E  C  O  R  P
      M  A  R  C  H  I  N  G  B  A  N  D     E
S  E  M  A  G           H              R
I     S                 O              F
   C  F  U  N  F  A  I  R  T              O
      E     O  H  O  L  I  D  A  Y     J  R
   H  R  C     H        A  O           U  M
A  A  R     R     N  N     G           G  A
   T  I  C     E     U  O              G  N
F  E  S  T  I  V  A  L  F  I  S        L  C
   W  E     N     M           S  E     E  E
   F  H  O  I     C        P  A  R  A  D  E  S
      E     H  F     I              C  I
      E  T        S  P  O  P  C  O  R  N  C  R
      L     E                             O
```

LOVE
Puzzle # 72

```
   S  W  E  E  T  H  E  A  R  T  S
      S     M                 U
         W     O  L  O  V  I  N  G
D  O  O  H  R  E  H  T  O  M     D
      T        E     H     L  A  E  M
T     G  N        T     E     Y  M  O  M
H        N  E        L  A  N  R  E  T  A  M
O  R     W  I  S     S  E  I  R  O  M  E  M
U     E  P  A  R  E  N  T              P
G  T     B     R  P  R        Y           E
H     H  M     M  S  P        M           F
T     A     E     T  F           M        F
F        N     M     H  F              O  U
U        K     E        O              M
L        S  E  S  O  R                 E
```

PICTURE
Puzzle # 73

JUDE
Puzzle # 74

PARABLES3
Puzzle # 75

POSITIVE WORDS
Puzzle # 76

ANCIENT GREECE
Puzzle # 77

```
            D
S  N  A  I  R  O  D                    A
      S     E     R                    R
   P  N  S  N  C  I  L  O  E           C
   D  Y  A  E  I     C     T           A
      I  L  E  I  B  T        E        D
      A  O     N  E  N           R     I
C        L     S     E  H  A           C
   I        I  E     N  H  T  Z
      N     C     C     A  T     Y
      C  O  R  I  N  T  H  I  A  N  B
      T  I  R  Y  N  S  C  C
            N  A  E  A  N  E  C  Y  M
   P  H  I  L  O  S  O  P  H  E  R  S
Y  M  R  A  N  A  T  R  A  P  S     G
```

BIRTHDAY
Puzzle # 78

```
      B  H     C  N  T  A  H  Y  T  R  A  P
         I  T     A  E                    G
I           R  R  E  N  R                 U
N  B           T  I  G  D  D              E
V  O  I           H  B  A  L  L  O  O  N  S
I  L  I  R        M  D        E  I        T
T  O        T  T  F  G  A  A     S  H     S
A  L        A  H  R  A  E  Y     C     C
T  L           R  D  I  B  R  C     A
I  I           B  A  E  E  C  A     R
O  P              E  T  N  I  E  K     D
N  O  H              L  E  D  D  C  E
   P     A           G  A  M  E  S  S  O  I
   G  I  F  T  W  R  A  P        C        O
      D  R  A  C  G  N  I  T  E  E  R  G
```

KITCHEN UTENSILS
Puzzle # 79

```
            N  T        R
               I  O     K  E  T  T  L  E
      G  R  I  L  L  P  A  N     C
      T  M  E  F  W     G  S        I
B        O     D  R  O  S  N  T        U
P  A  N  L  P  B  N  Y  B  T  I  E     J
   E  K  D     E  A  A  I  G  E  L  R
      G  I     E  E  S  L  N  N  A  L
      R  G  N     F  F  T  O  G  I  M  O
      I     T  G     I  F  E  C  P  X  E  R
      N        I  S     N  O  R  P  A  I  R
      D        M  H     K  C        N  M
      E  C  O  F  F  E  E  M  A  K  E  R
      R              R  E
      H  S  U  R  B  G  N  I  T  S  A  B
```

FOOD
Puzzle # 80

```
B     A  P  P  E  T  I  T  E
      A  S  P  A  R  A  G  U  S
         C     P     B  B        N     B
B        O  O  L  T  A  A        A  E
B  A  B  B  N  D  E  O  N  K        E        B
R  E  M  E  A     A     C  A  E        F  B  I
   E  A  B  R  R     C  H  I  N           E  S
      Z  N  O  R  L     O     R  A        L  C
      B  I  C  O  Y  E  V  V     P        L  U
         A  T  U  S     Y     A     A  P  I
            T  E  R  H  L  I  S  A  B  E  T
            T  P  D  O  E        E  P
            E  P     O  G        E  P
E  K  O  H  C  I  T  R  A     T  A  T  E
      E  U  C  E  B  R  A  B  S  B  R
```

JAMES
Puzzle # 81

```
  D S   T H E C O M I N G
S   E T F O O T S T O O L W
W R   T I H   S E B I R T I
Y O E   F U T S   D   F   S
  T R R   A R I A   R L   D
  T R K E A R F A I   O   O
  P H E S T B G T F L W W M
    A E B B L R N S   E   E
    W T L I R U O E R R   G
    I S I O L E D A   I K R
    D   T E R   T A D   F N A
    O     R N D   H     E S
    W     F A T H E R L E S S
    S C A T T E R E D E   S
P U R I F Y     H     N
```

POSITIVE WORDS
Puzzle # 82

```
G N I T R O P P U S       T
    U P B E A T H R I V I N G R
      T S G N I R E V A W N U A
      S R U   L U P R I G H T N
B     S U C   A           S
  R   T E S C T E         F
    E U   C T E R R I F I C O
    P   L C I S A N         R
    E U   U U N S N U       M
    N   S   F S G F Q       I
    D       H P   U U       N
H G U O R O H T   T O   L I G
    E D U T I T A R G U T   L
G N I S I R P R U S   R
    G N I L L I R H T   T
```

CHRISTMAS WORDS
Puzzle # 83

```
    Y L E S N I T
      O   L E D I T E L U Y
      F J   O N A M W O N S
      A   Y P D     N     N
      C M   E H N   O     O
      K A I E N T A E     W
      F N   L   M R L     F
H S     R G   V Y   I O R L A
E P Y   O E   E   F   H N A N
  G L O S R   S L O R A C K G
    O O T   S L L E B O   E E
    O D   S D R A C     S   L
    R U             T S
      C R N A T I V I T Y
  T I R I P S E A S O N
```

MOTHERS DAY
Puzzle # 84

```
N O I T A I C E R P P A
  C R C E L E B R A T I O N
    E E H U   C H E R I S H C
    L T I Q     T       O
E   A   E H L U   D R A C   O
  T   D   B G D O     I     K
    A N O A R U R B     B   I
    I O R F A A E   C A R E
      C I E F T D N   N   S
      A E T   E E K A C
      N   R P   C   C E
      D     P O   T H S
D A I S Y       P D   I T
C H O C O L A T E A A L O
  N O I T A N R A C   D R N
```

GAMING
Puzzle # 85

E	L	B	U	O	D	Y	L	I	A	D		
	M	E			G							
		A	U	R		N		E				S
G		F	G	T	E		I		C			P
	N	L	A	G	U	G		W	R	N		O
S		I		N	N	M	A		A	Y	A	L	P	R
U		P	L	E	T	I	I	W	P	R		H		T
P		L	P	B	T	A	K	R	S		D		C	I
E		A		A	M	T	N	N	A				T	N
R		C			R	A	E	W	A	P			O	G
F		E	C	I	V	L	G	L	O	B	E	T	S	L
E		B				A		U	R			S	I
C		E				M	Y		O	H			F
T		T	L	O	T	T	E	R	Y		R	T	E
A	R	E	C	R	E	A	T	I	O	N		

HOLIDAY RECIPES
Puzzle # 86

P		S	Y	E	K	R	U	T	G	G		
L		M	A	H	D	E	K	A	B	O		
U			L			P	R	O	N			
M			M		P	I	S		G			
P		K		A	O		L	S	E		G		
U		C		I	N	E	K	E				E
D	R	A	T	S	U	C	S	P	E		K	
D			D	H	I	T		T				
I		N		E	O				A		
N	C	H	E	R	R	Y	P	I	E	R		L
G			K		R	A	G	U	S	B		
		C				E	M			
		I					A		
		H				
E	K	A	C	T	U	N	O	C	O	C

CHOCOLATE
Puzzle # 87

			A	I	G	L	A	T	S	O	N
E	N	T	H	U	S	I	A	S	T	I	C
N		D	E	L	I	C	I	O	U	S	
D		D	E	L	E	C	T	A	B	L	E
O	E		V		K	C	A	N	S	A	U	C	E
R	Y	C	A	C	I	L	E	D		S	W
P	Y	N	A		T	E	E	W	S	C	I
H	O		D		C				O	S
I	U	J		E	N	T	I	C	I	N	G	O	S
N	G		N		N		D	S	Y	R	U	P
	A		E	A	T		D
	T	I	N	C	O	M	P	A	R	A	B	L	E
		I	N	D	U	L	G	E	N	C	E
S	E	A	S	O	N	A	L
W	O	L	L	A	M	H	S	R	A	M

NAUTICAL
Puzzle # 88

H		T	S	A	M	E	R	O	F			P	M
O			G	O	N	D	O	L	A	A	A
V		F		E	R	O	H	S	F	F	O	S	R
E		P	B	E			T			S	I
R	E	S	I	U	R	C	N	I	B	A	C		E	T
C	A	N	C	H	O	R		B		F		N	I
R			S	Y	Y		O			G	M
A			E		E	G	R	A	B	E	E
F	R	E	K	N	A	T	L	I	O		T	R
T	R	E	N	I	R	A	M	T	D	N		S
	K	N	O	T	E	A
	E	Z	I	S	P	A	C	C
	H	E	L	M	S	M	A	N		B	K
	D	E	C	K	H	A	N	D	S
F	I	S	H	I	N	G	B	O	A	T

FOOD
Puzzle # 89

PASSAGES3
Puzzle # 90

CORINTHIANS
Puzzle # 91

MERMAID
Puzzle # 92

BOATS
Puzzle # 93

```
. R E G N E S S A P . . . H
. C . . . . R E K N A T L I O
. M A R I T I M E . . . . . V
. . D B . Y K N O T . . . . E
. E A R I D R R A . . . . . R
T . Z L A N E R E M . . . . C
. S . I O W C C E N S . . . R
. U A . S D D R K F I M . . A
. B M M E P N N U H . R L . F
. M . O E G A O I I A . A E T
. A . . H R R C G W S N . M H
. R . . T O A . K C E D . . .
. I . . . A F B . . . R S . .
. N E R O H S F F O . . . . .
. E F I S H I N G B O A T . . .
```

CHEESES
Puzzle # 94

```
P G N I R T S M U E N S T E R
E G O R G O N Z O L A D U O G
P N N G S E M A E R C
P O A A W U . E G A T T O C
E P L C I I L . . M
R A M O I S S B F E T A
J R O . V R A S Y M A D E
A M Z . . O E I R B
C I Z . E . R M . E L . R
K G A . R . P A R . O I
. I R A D D E H C T . . C
. A E . . . Y . . . . O
N L T R O F E U Q O R T
O L . . H A V A R T I T
. A . M A N C H E G O A
```

GEOGRAPHY
Puzzle # 95

```
N O I T A N T E R R I T O R Y
E I L E V E L A E S
. D A . R E G I O N
M U T . E A T L A S
A E S T N . H R . R E . . T
G M . . I U . P O C . R . R
N . E L . G O . S T . . A O
E . . R A . N M . I A . . P
T N E N I T N O C C M U . . I
I . . O D I . L C . E Q . C
C . . S R I P . I . . H E S
P . . K E T A A R
O A . . A L H N C
L . M . . E I S L A N D
E . . . . P M E L O P
```

TRAVEL
Puzzle # 96

```
. . . . . O N F O O T . P
. E G A Y O V . C O M M U T E
. . J . . E C N A T S I D . R
T . O . . C R U I S E . . E
. O U . . A E . . . . G
. T R I P E . V . P . . R
. R N T . R . A G A M E S I
. E E . E J U N K E T A . N
. K Y E . B . S . . V . C A
L O C A T I O N R I D E O . T
. . . L E . L . U E . . M E
. . . . I K . G . O L G
E T A G I V A N . . . T . A
. P L E A S U R E . . . . B
E E S T H G I S . J
```

ACTS
Puzzle # 97

S	N	E	W	C	O	V	E	N	A	N	T			W
T	S	O	C	E	T	N	E	P	L				P	O
E	T	S	O	H	G	Y	L	O	H	E	A	V	E	N
P	S	D	A	M	A	S	C	U	S	L	O		R	D
H		E		S	A	I	N	A	N	A		J	S	E
E		P	L		C				M				E	R
N	S	D	E	T	S	E	R	R	A	E			C	S
	L	S		T	S	A	N			M	S	A	U	L
		E	E		E	O	I	S		A	J		T	
			I	N		R	P	H	I	N	O		I	
	A	C	E	L	D	A	M	A	T	O	H		O	
S	N	G	I	S	A	L			T	N		N		
			M	O				A						
T	O	N	G	U	E	S	A	B			M			
P	R	O	P	H	E	T		G						

US STATES OF AMERICA
Puzzle # 98

			A	I	N	A	V	L	Y	S	N	N	E	P
	M				E									
K	R	O	Y	W	E	N	W	Y	O	M	I	N	G	
A	I	N	I	G	R	I	V	M						
	T	D	N	A	L	S	I	E	D	O	H	R	T	
	A	K	S	A	R	B	E	N	X				E	
	N	E	W	H	A	M	P	S	H	I	R	E	N	
A	D	A	V	E	N				O			C		N
	N	O	R	T	H	D	A	K	O	T	A	O	E	
		H					L			R	S			
			I		U	T	A	H			E	S		
			O		H				G	E				
A	T	O	K	A	D	H	T	U	O	S		O	E	
Y	E	S	R	E	J	W	E	N	M				N	
V	E	R	M	O	N	T	E	X	A	S				

HOUSEHOLD DEVICES
Puzzle # 99

	R	E	W	O	M	N	W	A	L			C		G
T	E	L	E	P	H	O	N	E	D	R	Y	E	R	A
			R	E	H	S	A	W	H	S	I	D	R	
		L		B						L		A		
			L	L						I		G		
B			R	E	Y	R	D	W	O	L	B	N		E
	B			N	B				V		G		D	
		Q		D		R			E		F		O	
			G	E			O		N		A		O	
		O	E	R	E	T	S	O				N	R	
				I				D						
			M	R	A	L	A	R	A	L	G	R	U	B
			M	R	A	L	A	E	R	I	F			
		P	R	I	N	T	E	R	E	L	P	A	T	S
		R	E	C	O	R	D	P	L	A	Y	E	R	

ICECREAM
Puzzle # 100

	P	U	R	Y	S								
		O	N	A	T	I	L	O	P	O	E	N	
		O			N	U	T	S	W	I	R	L	
		M	C			D	E	P	P	I	H	W	
		Y	A	H	S				A				
	T	E	B	R	E	H	S		E		D		
R		N		S	R	T	T		Z	P	N		
A			I	H	R	E	A	E	I	C	E	U	U
I		L	A		M	I		B	L	B		E	C	S
N	Y	O	L	A	E				W	O	R		R	
B		K	L	L	S	K			A	C	O	N	E	F
O			C	L	I		A			R	O	S	A	
W				O	Y	N	F	L	O	A	T	H	M	
			W	R		A		F			S	C		
			V